突破惡性循環、擺脫自我設限、拋卻固有偏見、認清壓力釋放點……
找到未來方向，

當下價值

未來便是時間給你的帳單

楊洋 —— 著

To the
Future Me

走出舒適區，
實現人生的最大潛能

不僅是一本自助指南，更是一次心靈的旅程
引領讀者探索內在世界，挑戰既定的自我限制

在尋常瑣碎中
發現妙趣，
於世間萬象中
感悟人生

目錄

目錄

Part 1.
揭開生命最大的祕密：
你的生活原本可以……

第 *1* 章
為何你的生活與夢想相差甚遠？

▍「不是這樣的」，
▍因為你從未真正知道你想要的樣子

「每個人的內心，都住著另一個自己。但這個自己，常因為外界的紛擾和別人的目光而隱藏。所以，只有聆聽自己的內心，才能將你引向正確的方向。」

——《那件瘋狂的小事叫愛情》

——「我的人生不應該是現在這樣的！」

——「我的人生真的太糟糕了……你能夠幫助我改變嗎？」

身為心靈導師，我常常會收到這樣的請求。一方面，我會理解他們的渴望：當人們對現狀不滿意時，就會想要改變，同時當人們發現自己的無力時，又會把希望寄託在別人身上。

另一方面，我很詫異人們竟然把改變人生的希望寄託在別人身上：彷彿我可以幫助他們逆轉自己的人生。

我曾經向自己周圍的人問過這樣一個問題：「你現在過的生活是自己想要的嗎？」

大部分人在思考片刻之後，都給出否定的答案。

「現在的生活並不是我想要的生活，但是我究竟想要生活是什麼樣的，我也不知道。」

「我不知道我要過上什麼樣的生活，我只知道我不想過現在的生活。」

我們每個人都想過上自己想要的生活，但是卻很少有人能夠真實地過著自己想要的生活。

這是因為，我們根本不知道自己究竟想要過什麼樣的生活。

想要過上想要的生活，我們總要先知道自己想要的生活是什麼樣的吧？

劉鑾雄是香港非常有名的富豪，關於他有這樣一個故事：在早年還沒有發達時他非常喜歡豪車，並且一直將購買一輛豪車作為自己的願望。之後劉鑾雄依靠經營吊扇業務飛黃騰達，一舉成為可以和李嘉誠並肩的後起富豪，此時他已經有能力實現當初自己的願望，於是劉鑾雄一次購買了五輛法拉利。然後呢？在交車的時候劉鑾雄對法拉利突然意興闌珊，只是讓助理將車開走，而自己卻搭乘公車回了家。

我想搭公車回家的劉鑾雄那時心中一定充滿迷茫和悵惘：法拉利應該是我想要的，我不想要我幹麼買它？但是我想要它，我為什麼不是意氣風發地開著它去兜風？這可真奇怪啊。

不知道當時的他心裡是否浮現這樣一個問題：我真正想要的是什麼？

★尋找到真正屬於我們的人生目標

我們或多或少的都曾看過一些勵志故事，很多這些故事的主角都在強調「做自己想做的事情」，但是卻沒有告訴我們怎樣才能尋找到自己真正想做並且應該做的事情。這讓我們很多時候以為「每天想吃就吃、想睡就睡」就是我們想做的事情，這很明顯是錯誤的。

在這裡我可以分享一個非常簡單，同時又十分有用的方法，透過這個方法我們就可以很容易找到屬於自己的人生目標。

這個方法可能需要一個小時的時間，並且這一個小時的時間必須要完全屬於我們，所以我們放下自己手頭的所有事情，關掉我們的手機，不要讓任何事情或者任何人打擾我們。因為這一個小時的時間可能會影響我們的後半生，若干年之後我們回首往事，可能會發現這一小時是我們一生中最重要的時刻之一。

我們在找到一個符合要求的時間之後，拿出一支筆和一張紙，然後在紙上寫下一句話：「我這一生是為了什麼而活著？」

通常此時我們想到的答案都不只一個。沒有關係，我們可以一一都寫下來。一個答案可以很簡單只有短短幾個字，也可以很長，有長長的一段話。然後一直寫到再也想不出來答案為止。

這個方法可能聽上去既簡單又有些無聊，但是它確實非常有效果。如果我們想要找到正確的人生目標，就必須先將頭腦

中那些「偽目標」去除，而這些「偽目標」就在我們寫下的眾多答案之中。

可能有人現在會問：「真正人生目標在寫下的答案中，偽目標也在寫下的答案中，那應該如何去區分？」

對於這個問題，我想告訴大家一句話：「沒有人見過真正的龍，但是當真正的龍出現在我們面前時，我們就知道牠是龍。」

在我們思考「我這一生是為了什麼而活著」這個問題時，最先出現的答案通常都是受到主流思想影響的答案，比如成為有錢人、成為有權人等等，在之前的內容中我們已經知道這些只是慾望，並不是真正的人生目標。當真正的人生目標被我們寫下來的時候，我們將會感覺到這個答案來自於內心深處。

不過假如我們從沒有思考過這類問題，雖然使用這種方法也能夠從頭腦中的眾多答案中尋找到真正人生目標，但是需要花費的時間可能就要更多一些。也許當我們寫到第二十個答案時就開始厭煩，開始想要放棄。也許是因為我們並沒有感覺寫下來的哪個答案來自內心深處，所以就認為這個方法沒有任何作用。這其實是正常現象，此時我們需要做的就是告訴自己堅持下去，因為這關乎到我們後半生的幸福。

也許在我們寫到第三十個答案的時候，突然內心有了一種別樣的感覺，但是這個答案還並不是真正來自於我們內心深處。這個答案雖然不是最終的答案，但是它已經非常接近了，

或者和真正的答案相關聯。

因為我們的人生目標，可能是由幾個答案組合起來得到的。

每個人都想完成自己的人生逆轉，他們會開玩笑地把它總結為：當上 CEO、迎娶白富美，走上人生巔峰。

但是，要逆轉自己的人生，可不是一件容易的事情。

如果世界上有且僅有一張可以幫助我們完成人生逆轉的魔力支票，它也一定在你自己身上。

我不是複製人

「今天的我複製昨天的我，昨天的我複製前天的我，最可怕的是 —— 明天的我還要複製今天的我！」

—— 我的閨密這樣說

「我真的好羨慕這個女主角啊。」

閨密認真地對我說。

我調侃著說：「為什麼？她可是個重度失憶者呢。」

閨密想了想：「可能是因為她不用過我們這樣的生活？」

此時此刻，我剛剛和閨密看完一部很多年前的美國愛情喜劇電影，名字叫做《我的失憶女友》(50 First Dates)，在這部電影中有很多情節都非常老套，老套到看到開頭就能猜中結尾。男女主角從相識到相戀都如同愛情程序一般進行，和無數的愛

情電影模式都一樣。但是這部電影劇情有一個最大的特點就是女主角患有短暫失憶症，第二天就會將前一天的所有事情都忘記。所以女主角是幸福的，因為她每天看到自己的戀人都是初次相見的感覺，對於她來說每天都是嶄新的，每一天她的男朋友要重新追求她一次，而隨著每一天夜晚的到來她都會失去這一天的回憶。

閨密說：「這個電影的女主角不是很幸福嗎？因為對於她來說，每一天都是嶄新的，每一天都是新的開始，她不用像大多數人一樣每天都過著重複的生活。」

閨密掐著指頭數給我看：「你看，我們每天上班、下班，週末在家或者逛街，年紀輕一點的和自己的男朋友女朋友談著一樣的戀愛，年紀大一點的呢，就要每天重複地接孩子送孩子。這些年我常常會懷念自己以前上學的時候，不過仔細想想，我上學的時候每天和每天過的也是一模一樣呢 —— 簡直是複製人的生活！今天的我複製昨天的我，昨天的我複製前天的我，最可怕的是 —— 明天的我還要複製今天的我！」

我說：「但是你換個角度想想，這個女主角是被動每天失憶的，雖然每天都在過新鮮的生活，但是又何嘗不是一種失控呢？至少，我們可是掌握自己生活主控權的。」

閨密懷疑地說：「真的是這樣嗎？」

是啊，我猜很多每天像是複製人一樣不斷重複昨天生活的

人，一定也想患上電影中女主角所患的那種失憶症，然後充滿好奇同時又充滿希望地迎接每一天的到來。

但其實想要改變這一切並不需要患上只存在電影中的失憶症，我們需要的只是自己做出改變。很多時候，我們忘了，主導權其實就在我們自己手裡。

★打破「我的複製生活」

史蒂夫‧賈伯斯（Steve Jobs）在 2005 年史丹佛大學畢業典禮上說過這樣的一段話：「你們的生命非常有限，所以，不要浪費在重複他人的生活上；不要被教條束縛，不要被他人喧囂的聲音掩蓋你內心；你要有勇氣，聽從你心靈和直覺的指示，你的內心知道你想要成為什麼樣子的。其他事情都是次要的。」

是的，除了時間之外，在這個世界上我實在想不出還有其他東西能夠比它更加公平了。它對於我們每個人都一樣。雖然我們現在不知道自己的生命究竟有多長，但是絕大多數人的生命都只有短短幾十年而已，所以沒有太多的時間允許我們揮霍。

生命的長短我們無法控制，不過值得慶幸的是我們可以控制自己的人生。我們可以選擇一個轟轟烈烈、大有作為的一生；我們也可以選擇和大多數人一樣每天都在重複前一天的生活，就像是複製人一樣，過著毫無新意完全可以預見未來的生活，直到自己生命的結束，然後平平淡淡地離開這個世界，就像我們從來沒有來過一樣。

幾天前在網路上我無意間看到一則新聞：

有位叫趙慕鶴的老人，這個老人出生於 1912 年，今年已經 105 歲了。然而年齡對於這個老人來說只是一個數字，並沒有其他特殊的意義。

74 歲時一人遊英國、德國、法國，87 歲時和自己的孫子一起考大學，91 歲時從大學畢業，98 歲獲得了碩士學位，如今已經 105 歲的老人又將自己的人生目標變成了「考取博士」。

這則新聞讓我留下了非常深的印象，因為這位如今 105 歲的老人向我展示了一個完全不一樣的人生。他已經完全掙脫了世俗觀念的束縛，掙脫了年齡的束縛，這樣的人生才是真正屬於自己的人生。

和這位 105 歲的老人相比，很多年紀遠比他年輕的人卻更像是遲暮之年的老人一般，人生就如同複製人一般，過著一眼可以望到頭的生活 —— 因為在他之前有無數人都是這麼度過了自己的一生。

葡萄牙詩人費爾南多‧佩索亞（Fernando Pessoa）曾說過這樣一句話：「除掉睡眠，人的一輩子只有一萬多天。人與人的不同在於：你是真的活了一萬多天，還是僅僅生活了一天，卻重複了一萬多次。」

我們經常說人生酸甜苦辣鹹五味俱全，所以既會有痛苦，也會有快樂。但是一旦我們走上了「複製人」的生活，那生活就

將會失去其他的味道，剩下的只有麻木。

　　在現實生活當中卻有很多人雖然年紀輕輕，但是卻早已習慣了去重複自己的生活。他們過著一成不變的日子，在我看來這樣的日子和虛度光陰沒有什麼區別，但是他們卻不自知。在未來的幾十年當中，他們的生活就像是電腦程式一般，沒有任何新的變化，一切都是在重複過去，唯一發生變化的就是他們不斷衰老的身軀，人生本不應該如此。

　　並且我們成為了「複製人」，我們的生活看起來就像是一條沒有任何彎道和障礙物的道路一樣，從起點直接可以看到終點。

　　然而生活或者說是人生的終點只能是死亡，那麼「複製人」的餘生就是剩下了等待死亡，因為從起點可以看到終點的人生只有死亡才是未知的。

　　相信每一個想要真正想要活出熱情和精彩、想要真正享受生活的人都不會喜歡這種生活，這就意味著我們必須有所行動，打破這種毫無意義的「複製人」生活。

　　打破「複製人」生活需要我們重新對生活充滿熱情和追求，需要我們擁有自己的人生目標和理想，需要我們願意去獨立思考人生的意義和價值，然後找到自己真正想要的生活，並且願意為實現這種生活付出努力。

　　此時雖然我們的年齡還是會不斷地增長，我們的身體狀況會隨著年齡增長而不斷地下降，但是我們的思想不會。

我們會一直非常生活得非常快樂 —— 因為全世界最快樂的事情，就是為了過上自己想要的生活而奮鬥。

我不是受害者

「幸運之神從來沒有眷顧過我。」

—— 受害者們最喜歡說的話之一

在美國密西根州最大的城市底特律中，有這樣的一對兄弟：這對兄弟從小家庭貧困，生長在單親家庭之中，他們甚至不知道自己的父親是誰。

要知道，底特律在全美國是犯罪率排行前幾名的城市，而在這樣的一個城市中生活，同時被貼上了貧窮、沒有父親的標籤，我們很容易想像出他們過著怎樣的生活。

事實也正是如此，這對兄弟從小成長在貧民窟中，母親每天沉溺於毒品之中，根本沒有時間管教他們，唯一對他們的管教就是告訴兄弟二人天黑之後不要出門，因為在這裡天黑之後就是幫派分子的天下。

不過很快弟弟就經常在晚上出門，因為他選擇了加入幫派，開始自己的街頭生活。雖然哥哥一再勸誡弟弟，但是弟弟依然我行我素，不為所動。最後哥哥只得放棄弟弟，並且他發誓要走出這裡 —— 他不想再讓自己未來的孩子出生在這樣的環境中。

於是哥哥開始發憤讀書，然後上了大學，最後進入了華爾街，成為了非常有名的一個股票經紀人。而弟弟呢？他已經在監獄服刑多年。

當哥哥在華爾街成名之後，很快就有人對他的成長經歷產生興趣。一個出生於底特律貧民窟的孩子居然成為了華爾街有名的股票經紀人，這樣的勵志故事是大多數人都喜歡的。而當記者們開始深挖這個人的成長故事之後，驚奇的發現他居然有一個弟弟，而且這個弟弟竟然是一個幫派分子，甚至現在還在監獄裡面，媒體們的興趣馬上就被勾引起來。

於是就有記者分別去採訪這兩個人生軌跡截然相反的兄弟，想要從中了解這種區別的原因。

面對記者的鏡頭，哥哥坦然的說：「我小時候成長在一個非常糟糕的環境之中，並且還有一個混跡街頭的弟弟。雖然我試圖改變他的人生，但是最後失敗了，這也是我最痛心的事情。不過我改變不了弟弟的人生，但是我可以改變自己的人生。環境無法阻擋我對未來美好生活的嚮往，於是我努力讀書，考上了大學，然後拚命工作，最終真的改變自己的一切。」

而在監獄中面對記者的鏡頭，弟弟用一種無所謂的態度說：「我從小生長在一個你們無法想像的惡劣環境之中。大多數人都有父親，而我沒有。大多數人都有母親的關心，而我的母親只關心她的毒品。就在我臥室窗戶外的大街上，每天都有人在那

裡販賣毒品。上帝將我放在了這樣的一個環境中，你還指望我能怎麼樣？是的，我知道你們會想，我有一個現在混得很不錯的哥哥，但是那是因為上帝給他了一個聰明的腦子，而沒有給我。因此他適合上學念書，我只適合參加幫派，他適合成為股票經紀人，而我只適合蹲在監獄裡面。這一切都不是我能選擇的，幸運之神從來沒有眷顧過我，祂只眷顧我的哥哥，所以我才有今天的下場。」

這是一個真實的故事。兄弟二人出生在同一個環境中，卻對環境有著完全不一樣的態度。在哥哥看來既然自己出生在這樣的環境中，自己就必須去憑藉努力才能改變自己的人生，最後他做到了。而弟弟卻不斷在抱怨，他抱怨自己沒有父親，抱怨自己沒有一個好的母親，他抱怨周圍有太多糟糕的事情，他抱怨上帝沒有給自己一個適合念書的腦子，他抱怨幸運之神從沒有眷顧過他。在他看來自己今天的一切都是因為其他原因導致的，並不是自己一手造成的。這就是典型的「受害者」心態。

「幸運之神從來沒有眷顧過我」，這是「受害者們」最常說的話之一。此外，要鑑別受害者的話應該還有：

「都是別人的錯」。（所以才導致了我的現在！）

「我是無辜的。」（任何時候都是！）

「我可是受害者！」（別笑，雖然直白到顯得有些蠢，但是這真的是頻率最高的一句話呢！）

「為什麼我的運氣如此之壞？別人的運氣都那麼好？」（受害者喜歡把別人的好歸結於運氣，把自己的好歸結於努力，同時把別人的壞歸結於「活該」，把自己的壞歸結於「運氣不好」，雙標得可以。）

此外還有：「我能怎麼辦？」

一年前有一個女孩在網路上找到了我，然後這個女孩講了很長的一段話，用來告訴我她過去人生的不愉快經歷，最後提出了她的問題：「為什麼這些不愉快的經歷過去了那麼久，但是我卻無法克制住自己去憎恨那些曾經傷害過自己的人？為什麼我都遠離了過去那種生活，我依然還是沒辦法過上很好的生活？」

這個女孩的人生經歷確實非常曲折，她經歷了很多的磨難，有許多人在她絕望的時候對她落井下石。如今那些傷害過她的人已經遠離了她，而她的憎恨的根源並不是曾經受到的傷害，而是在傷害過去之後，她的生活卻還是非常的糟糕。

我們每個人或多或少的都曾經受過傷害，無論這個傷害來源是誰，如果我們總是對過去的傷害耿耿於懷，對傷害過我們的人充滿了憎恨，那只能說明我們現在生活得還不夠好。

因為當我們現在生活得足夠好時，雖然也會時常回憶過去那些傷害過我們的人，但是我們有可能只會感到厭惡，而不是憎恨。因為當下的生活是幸福的，我們不會用憎恨來影響我們

享受生活。

　　所以當我們感覺自己受到傷害之後，不要將自己沉溺在受害者心態之中，不要讓憎恨充斥在我們的生活裡。我們需要告訴自己，無論過去遭遇過什麼事情，現在我要做的就是認真生活，讓自己當前的生活變得更加美好。當做到這一點之後，我們就從過去傷害的陰影中走了出來，不再受到憎恨的影響。

　　沒有一個人的人生是一帆風順的，就像是天氣一樣，有風和日麗、晴空萬里，但是也總避免不了暴風雨的來臨。區別是我們如何對待人生的起伏。

　　有人面對人生的起起落落總能泰然處之，用一顆平和的心去面對一切，因為他們知道人生本就如此，在事情發生之後抱怨、憤怒無法解決問題，反而會影響我們的生活；然而有的人卻並不是如此，他們面對人生中一切不順心的事情充滿了抱怨和憤怒，總是將自己置於負面情緒之中，因為他們總是認為自己是生活的「受害者」，自己不停的在被他人連累，被他人迫害，從而讓生活失去了色彩，只剩下一片灰暗。

　　大多數人都忽略了心態對人生真正能夠發揮的作用，這也是為什麼有那麼多人總是認為自己是「受害者」，但是卻從沒有試圖做出改變，因為他們並不認為心態會對人生造成多大的影響。

　　心態對人生的影響，很多時候並不是像暴風雨般的強烈，

而是像潤物細無聲一般，在潛移默化的改變著我們。「受害者」心態就是如此，如同溫水煮青蛙一般，剛開始我們並不自知，但是隨著受到這種心態影響的時間變長，它將徹底改變我們的人生。

雖然「受害者」總是在不斷向他人散發負能量，但是他們自己並沒有意識到一點，人生確實有一些東西是我們無法控制和選擇，比如出生環境。但是我們可以選擇用一種積極的態度來對待自己的人生，因為我們自己的人生只能由我們自己來負責，而不是讓其他人或者因素對我們的人生負責。

曾經有人問我，如何才算是成熟？我對這個人的回答是：「無論得到什麼樣的結果，都會承認自己的行為，並且將承認看做是自己的責任。當一個人能夠做到這一步時，就代表著他開始步入成熟。」

一個人成熟的表現就是：不會找任何理由去逃避自己應該承擔的責任。聽起來非常簡單，但是很多人卻無法做到。

因為和承擔責任相比，將責任推脫給他人真是一件非常輕鬆的事情，可在輕鬆的同時我們也要為此付出代價，這個代價就是我們不會從中獲得任何成長。

為什麼「受害者」總是將自己遭遇的一切不幸歸咎給他人？這相當程度上是因為他們不願意承擔自己應該承擔的責任，所以才將所有的責任都推到其他人或者因素上，從來不去思考自

己是否可以改變這一切，實際上他們遭遇的很多不幸都是可以透過自己的努力去避免的。

比如「受害者」上班遲到，他們會將責任歸咎於交通壅塞上，卻沒有想過自己只要早一些出門就可以避免遲到；當「受害者」得了某種疾病後，他們會將責任歸咎到運氣太差、上天不公上，卻沒有想過自己多加鍛鍊或者多注意健康就可以避免得病。

一位朋友對我說過自己的經歷：有一段時間她非常浮躁，當她看到身邊有人比自己優秀時，除了羨慕之外，更多的是感嘆命運的不公。因為在她看來，那些比自己優秀的人只是因為運氣比自己好而已，這也是自己不如對方的唯一原因。

不過當她認識了一位比自己優秀很多的人之後，終於改變了自己的看法。因為透過近距離的接觸，她發現對方的優秀光環下是少有人知的付出和努力，這些都是她不具備的。所以她意識到了自己的錯誤，意識到了過去的想法只是為了對自己的不負責任而尋找藉口。

為自己的不負責任尋找藉口只會讓我們更加像是一個失敗者，同時也讓我們更加的不成熟。只有勇於承擔起應付的責任，保持一顆謙卑的心，我們才能不斷成長。

同時，「受害者」還總是認為所有和自己相關的行為都是針對自己的，這也是「受害者」心態的核心所在。

也正是因為如此，在「受害者」眼中，這個世界充滿了惡

意，到處都是敵對的眼神和傷害自己的陷阱。因此「受害者」很可能做出一些他們自己看起來是正當防衛的舉動，但事實卻並非如此。這也是很多「受害者」在面對外界環境時總是充滿了戒備心理，並且時刻處於防衛姿態的原因。

在沒有對「受害者」心態有所了解之前，我們很多人並沒有意識到自己已經成為了一個「受害者」，並且這種心態嚴重影響到了自己的生活。

因為「受害者」心態，我們對周圍的一切總是充滿了敵意，總是充滿了負能量。

但是我們需要明白一件事情：自己的人生是由自己創造的。我們必須要對自己的人生負責，而不是總是在推卸責任。

推卸責任是能夠減輕我們心理的壓力，但是別人不會為我們的人生負責啊，即使我們磨破了嘴皮子，也休想得到他人一眼的關注。

所以，責怪本身沒有任何意義。這種行為也不可能讓我們的人生變得更好、幫助我們解決任何問題。

所以從現在起不要再抱怨上天的不公，不要再對周圍人憤怒，微笑著面對人生中發生的一切。不要抱怨命運給了自己太多磨難，不要抱怨人生總是充滿了曲折。因為這一切都是人生必須經歷的過程。

當你不再把自己定位為受害者時，人生的主導權也就回到

了我們自己手上。

拿回主導權的感覺不錯吧？

我不被設限也不被指定，突破惡性循環的鎖鏈

> 「最可怕的是，我的生活其實和我無關。」
>
> —— 病房裡的朋友哭著說

我有一個朋友叫做 C，今年二十七歲，已經結婚，丈夫是一個非常顧家的男人，同時事業也算是略有小成，看上去她的生活是非常幸福和美滿的，堪稱完美人生。

然而在一年之前，突然有一天有人打電話告訴我她吃藥自殺了，不過所幸發現及時，送到醫院搶救了過來。我當時聽到這個消息是無比震驚的，因為我實在想不出有什麼事情會讓她選擇自殺。

在得知這個消息後，我去醫院看望她，當時病房還有她的父母和丈夫，但是我走進病房和她的目光相接觸的時候，我看到了滿眼的絕望。之後她將自己的親人全部支走，然後面對我放聲大哭。之後在我的勸說下，她終於告訴我她自殺的原因。

「我活了二十多年，但是從來沒有過上自己想要的生活。總是別人告訴我應該做什麼，我就去做什麼。即使有時會讓我感到痛苦，但是我也一直默默地忍受。我總是想著以後就好了，

但是後來才發現：忍受久了，我已經沒有了自己，失去了自己的喜怒哀樂。如今我看自己的生活，就像是站在一邊看其他人的生活一樣！最可怕的是：我的生活其實和我無關。」

就在那一天的黃昏，我那個擁有完美生活的朋友這樣對我總結她範本一般的人生：

「上學時父母告訴我現在應該好好念書，聽話的孩子都是這樣，於是我選擇努力學習；工作後父母告訴我要找一個穩定的工作，以後生活穩定的人都是有一份穩定的工作，於是我找了一份穩定的工作；工作一年後父母告訴我應該找個男朋友了，同齡的女孩都快結婚了，於是我找了一個男朋友；和男朋友只在一起三個月，父母就催促我結婚，因為周圍的好多同齡女孩都已經有孩子了，於是我們選擇了結婚……

「但實際上我的婚姻和愛情無關，我只是聽從父母的話，只是不願意讓自己顯得非常特殊。最近幾年每天晚上我都會失眠，我感覺自己現在的生活毫無意義，沒有理想、沒有愛情、沒有自我、沒有未來。因為我只像是一部被設定好程式的機器一樣，按照程式設計師的設計，一步步的執行。當我想到未來自己的人生道路都將會是這樣的時候，我實在是無法忍受了。我的人生不是範本，而是模板，我是一個設定好了的模板。」

我非常理解我這個朋友的痛苦。因為我也曾經差點像她一樣，過著別人為我指定好的、安排的人生，讓自己的生活和自

己無關。

幾天之後 C 出院了,然後選擇了離婚,離婚後的她火速辦了出國手續,去她一直想要去的國家打工遊學去了。

對於她的這個決定,周圍所有人都感到不理解,然後聯想到她之前的自殺行為,都認為她是患上了憂鬱症才導致這一些讓人無法理解的行為。

然而,我卻明白:她確實患上了憂鬱症,但那些他人無法理解的行為才是治療她的憂鬱症的良藥。

如今的 C 恢復了單身,去往異國,重新開始了新的生活。雖然看上去生活要比之前辛苦不少,也再和「完美」無關,但是 C 卻每天過得十分快樂,原因只有一個:她不喜歡被設定好的人生,而現在才是她想要的人生。

我想所有人小時候上學都被老師問過這樣一個問題:長大後你想做什麼?這時,我們每個人的回答都是多姿多彩的,充滿了特殊性,充滿了自己的想法,和對未來的嚮往。

隨著時間的推移,我們慢慢地都長大了,心智也隨之變得更加成熟了,能力也越來越強了,但是很多人卻與小時候的夢想漸行漸遠。

長大之後的我們再也不敢隨意對周圍人說出豪言壯志來,因為此時的我們已經「懂事」,知道很多事情並不是自己想做就可以做的。我們的父母、老師、朋友等等相關的人物都會對我

們的未來給出指點，讓我們明白自己小時候的夢想不過只是年少無知罷了，人活著要更實際一些。

所以人生就應該是小時候好好念書，然後考一個好大學，之後找一份能賺錢又穩定的工作，然後結婚生子，照顧養家⋯⋯這才是「正確」的人生模式。

也曾經有人為我制定出了類似的人生模式，然後告訴我照著這樣走就對了。當時我突然感覺自己如果過上這樣的生活，那就像是在玩電子遊戲似的，並且還是一款自由度很低的遊戲。

我所能做的就是在遊戲既定的框架內不斷前行，然後越過各種設定好的障礙，一路奔向通關⋯⋯難道我們來到這個世界就是為了玩一場被提前設定好的遊戲嗎？

這個問題使我的人生觀念發生了顛覆。

幸運的是最終我意識到了這一點，意識到人生當中難免有時會讓他人左右我們的方向，但是最終路是需要自己走的。當我們的人生在被他人左右方向的時候，其實我們並不是在為自己而活，只是在為他人而活。

如果我們沒有意識到這一點，一味地只聽從他人的意見，過上他人為我們設定好的人生，那人生就不再有樂趣可言，也不再有意義可言，有的只有無盡的痛苦，因為這不是我們想要的人生。

★賜予我成為「非主流」的勇氣

一位著名女演員一直都沒有結婚，無數人對這個話題都非常感興趣，有人就在揣測她是不是曾經受過什麼傷害才一直沒有結婚。

而她對此的回應則充滿了傷感，她說：「每次別人結婚我都會祝福他們，因為他們找到了自己的幸福。而我不結婚不是因為我受過什麼傷害，也不是因為我是一個不婚主義者，只是因為這樣我覺得過得非常幸福，為什麼大家都不能像我祝福他人結婚那樣，同樣的來祝福我呢？」

這個世界上，有一個非常可怕的東西，叫做「主流」，主流觀念，主流行為，主流職業，主流性傾向。大多數時候，一個觀念或者行為能夠成為主流，都有它的道理，但是，參差百態乃幸福之本源，世界上有主流，就會有非主流。當一個人的行為和當下主流觀念不相符時，主流族群就會對他帶來強大的壓迫感。

而我的經驗是：我們大多數人，在一生中，總有非主流的時候。主流觀念被大多數人接受自然有它的理由，但是一種觀念並不能適合所有人和所有情況，也許有些時候，往往是非主流的做法更能夠讓我們自己感到幸福。

一些出身傳統家庭的女孩很多接受過類似的教育：女孩子沒有必要有太高的學歷，也不用太吃苦，只要將來能夠找到一

份安穩可以養活自己的工作，找一個好丈夫就可以了。

這種教育中也許包含了父母們的好意，他們不希望自己的女兒太過辛苦，但是同時這種教育也限制了我們。這種教育告訴我們女孩子並不需要去奮鬥，只須將一切都寄託在未來的愛情和婚姻上，然而這些都是現在無法控制和預測的。

當然，我並不是說愛情和婚姻是靠不住的，但是在它們還沒有到來之前，我們自己也應該去做點什麼，去為自己的將來負責。

我不否認而有人本性追求平穩，喜歡過著父母教育的那種生活，找一份平淡乏味的工作，然後每天幻想著將來會有一個完美的男人帶著自己走入幸福的國度。然而我也相信大多數人都並不願意過著這種生活，她們選擇這樣生活的唯一原因就是聽從父母的教導。

也許的確有人運氣非常好，在聽從父母的教導過上這種生活之後，最終找到了一個理想中的丈夫，過上了幸福的生活。然而大多數人進入這種生活之後，最後的結果就是年齡一年年的增長，可是意中人卻總是沒有出現，最終在壓力之下，匆忙的選擇了結婚。

上學、畢業、平淡的混日子、匆忙結婚、匆忙生子……這樣的人生真是我們想要的嗎？當然不是。

我們對生活的理想是什麼？無論這個問題的答案是什麼，

最終答案都表達了一個意思：讓自己過好。

不需要重複上一代的生活模式，不讓自己的生活依賴於任何人的施捨，按照自己的理想不斷對自己做出改進，減少家庭、挫折、社會現實對自己的影響，最終讓生活進入自己喜歡的模式。

如今我們經常會提到一句話「不忘初心」，然而在人生當中我們有時候卻不自覺的就忘記了自己的初心，開始過上了別人為我們設定好的人生。有人一生都是如此，按照既定的人生道路前行，索然無味地走過了這一生，當他身處暮年回首往事之時卻顯得異常茫然，唯一留下最深印象的也許就只剩童年時期無憂無慮的生活。

而有的人雖然在前行道路上慢慢遺忘了自己的初心，但是在途中，他們會突然意識到自己的人生並不應該如此，這也不是自己想要的人生。就像 C 一樣，最終決心走出他人設定好的人生，自己為自己的人生負責。

在此，我突然想起來唐伯虎在〈桃花庵歌〉中的詩句：「別人笑我太瘋癲，我笑他人看不穿。不見五陵豪傑墓，無花無酒鋤作田。」

第 *2* 章
成爲自我生活的導師

▌人生導師的第一個角色：鏡子

「未來，我一定要開上自己的保時捷！」

—— 北野武

「跟著前面那輛保時捷。」

客人上車後對計程車司機說。

司機毫不詫異地發動了汽車，做司機嘛，經常會遇到各式各樣的客人，什麼要求沒見過……跟著前面的豪車，多半是有什麼特別的目的吧。司機默默地想。

「這車蠻貴的，開這個車的人還真讓人羨慕啊。」司機又想。

突然，身邊的客人彷彿聽到了他心裡的話似的，說：「那輛保時捷，是我的哦！」

司機詫異地望了一下身邊的客人，發現這個擁有昂貴跑車的客人看起來並沒有多開心，反而有幾分落寞。

很多年之後，也許是在看電視的時候，也許是在翻閱女兒買的雜誌的時候，這個司機突然想起來自己多年前載的那個客人，正是日本大導演北野武。

　　也是很多年以後，他才知道為什麼北野武要他跟著自己的豪華跑車。

　　北野武年輕的時候，就非常非常喜歡跑車，或者他覺得自己非常非常喜歡跑車，於是立下宏願：我有一天一定要開上保時捷！

　　他的願望有一天實現了，可是，當他的願望實現了，他真的開著自己的保時捷在路上穿行的時候，他覺得自己完全沒有想像中開心。

　　他就想：肯定是因為我看不到自己開保時捷的樣子。

　　於是他請自己的朋友替自己開車，自己坐計程車跟著愛車後面，還對身邊的司機說：「那輛車是我的哦！」

　　幸運的是北野武終於實現了自己開保時捷的夢想，即使開跑車本身不再令他快樂，但是追逐跑車的過程卻是無比快樂的。而他也在追逐跑車夢想的過程中，從電梯裡的服務生變成了被無數影迷追捧的導演，人們尊稱他「日本電影新天皇」，給他無限的愛與崇拜。

　　他一切的輝煌，都是從他擁有「未來的我要開保時捷」這個夢想開始的。在北野武自己的人生道路上，他很好地充當了自己的導師。

　　那麼如何成為自己的優秀人生導師呢？這需要我們在人生中去承擔好三種關鍵角色：鏡子、指南針、鞭策者。

★人生導師的第一個角色：鏡子

鏡子的角色就是幫助我們去了解真實的自己。

1972 年的北野武，正在牛肉場 FRANCE 座當電梯人員，但是他這時就很明確地知道：自己未來要向演藝界發展。北野武出生於 1947 年，1972 年的他已經 25 歲，雖然看起來要進入演藝界好像有點晚了，但是他從來沒有懷疑過自己未來的方向，也未曾懷疑自己的能力。這種篤定正是建立在對「真實的自我」的了解之上，不以現有的條件為限制和轉移。

也許有人會說我自己當然最了解自己了，根本不需要鏡子，但是真的是如此嗎？我們真的了解自己嗎？

我們知道自己的弱點在哪裡嗎？

我們知道自己的心智與行為模式有哪些缺陷嗎？

我們最大的人生慾望是什麼？

我們內心最深處的渴望是什麼？

當我們向自己提出這些問題之後，就會發現我們對自己可以說是一無所知。

舉個很簡單的例子，我們出門前不去照鏡子，能夠發現自己穿著打扮上出現的問題嗎？答案是不能，所以我們需要學會抽離自己，用第三方視角來重新審視自己，從而讓我們自己成為自己的鏡子。

托馬斯・納斯特（Thomas Nast）是 19 世紀著名的政治漫畫家。一次，他去參加了一個朋友聚會，在聚會進行到一半時為了活躍現場氣氛，有人邀請他隨機為現場的人畫漫畫肖像，然後大家分別去猜畫的人物是誰。納斯特聽到邀請後欣然的接受，然後開始快速的替現場人們畫漫畫肖像，因為時間關係，納斯特每一幅畫都只用了寥寥幾筆就完成，為了留下更多線索，納斯特在每幅畫還寫下了肖像主人的一些特點，比如：性格溫和、喜歡安靜、脾氣暴躁等等。

當納斯特畫完數張漫畫肖像後遊戲開始了，雖然肖像畫得都非常簡單，但是一方面納斯特是一個相當出色的漫畫家，另一方面每幅肖像上還留有文字線索，因此所有的肖像很快就都被指認了出來。當所有漫畫肖像指認完之後，納斯特發現了一個很有意思的現象：所有給出正確答案的人都是在指認其他人的肖像，沒有一個人認出自己的漫畫肖像。

沒有一個人認出自己的肖像畫，這是一個巧合嗎？當然不是。在和托馬斯・納斯特同一時期的一位著名的精神病醫師以及心理學家，名字叫做西格蒙德・佛洛伊德（Sigmund Freud），相信絕大多數人都聽過他的名字以及他的經典代表著作《夢的解析》（*The Interpretation of Dreams*）。

在這本書中，佛洛伊德表達了一個很重要的觀點：人很難認識自己。在佛洛伊德之後又有無數的西方心理學家做過類似

的研究，也得出和他同樣的結論。

而在中國傳統文化中，老子曾經說：「知人者智，自知者明。」這句話意思是，能夠真正了解他人的人都是有智慧的，而了解自己比了解他人更勝一籌。事實也正是如此，想要了解一個人是非常難的，想要做到這一點需要足夠的智慧，而想要了解自己則更不容易，想要做到這一點不僅需要擁有足夠的智慧，還需要有足夠的自知，而現實中很多人都難以做到自知，難以看清自己，這也是中國古代經典名句「人貴有自知之明」出現的原因。

成為自己的鏡子，幫助我們觀察自己，深刻地覺察自己，洞悉自己的狀態，了解那些隱藏在我們內心深處不為人知，同時又無時無刻不在影響我們行為和思想的心智模式，找到自己的慾望與弱點所在。

那麼我們如何透過自己這面鏡子來認識自己呢？一些人可能認為這是一個非常複雜和繁瑣的過程，其中涉及很多專業知識。但其實並不是如此。我並不想推薦一些晦澀難懂的方式給大家，因為這些方式並不是所有人都能夠理解和做到，其實了解自己，只需要一個最簡單的方式。

找出一張紙，然後拿筆在紙上寫下三個問題：

我最大的弱點是什麼？

我最深的渴望是什麼？

我理想中的自己是什麼樣的？

然後將我們想到的答案一一寫到紙上去。每個問題的答案並不僅限於一個，可以寫無數個。

最大的弱點可以是：軟弱不願承擔責任、瞻前顧後、驕傲……

最深的渴望可以是：渴望獲得金錢、渴望獲得健康、渴望獲得很多人的尊敬和喜愛……

理想中的自己可以是：理想的自己擁有健康而強健的身體、理想的自己做著什麼樣的工作，越具體越好。越具體，就越具有激勵作用，比如北野武理想的自己是「開車保時捷跑車的自己」。

只要是這三個問題的答案就可以寫上去。不斷地寫，不斷地思考，直到你再也寫不出來，紙上的這些答案就是我們認識自己的最好的方式。

其實這薄薄的一張紙，就是我們最好的鏡子，透過它，我們能夠看到：我們最大的弱點是什麼，我們真正理想的自己是什麼樣的，我們所渴望的生活究竟是什麼樣的。

當你真的找到自己最大的弱點和最深的渴望之後，你才能實現人生的逆轉與蛻變。

人生導師的第二個角色：指南針

「真正的世界不在你的書裡和地圖上，而是在外面。」

——《哈比人》（*The Hobbit*）

哈佛大學心理系的一群學生曾經做過一個實驗：隨機在大街上尋找三組志願者，每組有十個人，然後讓他們依次朝著五英里外的一個目的地徒步前行。

這三組志願者先後走的是同樣的一條道路，天氣情況也相差不多，唯一的區別就是每一組志願者對於目的地的了解有所不同。

實驗者沒有告訴第一組志願者目的地在哪裡、有多遠，只是告訴他們跟著一名實驗助理走就可以了，於是這組人在什麼都一無所知的情況下開始前進。

當這組志願者走了兩英里的時候就已經有人開始抱怨，認為這個實驗簡直是太無聊了，完全是浪費時間。在抱怨中這群人又走了一英里，此時已經有人開始憤怒了，直接離開了隊伍，不想要繼續參與實驗。當走到四英里時，志願者隊伍中只剩下了三個人，而當走完五英里到達終點時，實驗者發現隊伍只剩下了一個人，這個人就是帶路的實驗助理。

接下來輪到了第二組志願者。實驗者告訴了他們目的地的大致位置，但是沒有說清楚具體的距離，然後這組志願者也跟

隨實驗助理開始前行。

　　雖然志願者知道目的地的大概位置，但是並不知道具體要走多遠，而且他們也無法測量自己究竟走了多遠，一切只能進行大致的估算。當隊伍走到 2 英里時，有人開始向實驗助理提出問題，詢問具體還要走多遠。實驗助理當然拒絕回答了。

　　走到 3 英里的時候，有人開始抱怨，但是有其他志願者說：「根據我的估算應該沒有多遠了。」這些抱怨的人又重新恢復安靜。走到 4 英里的時候，整個隊伍都陷入了焦躁的氣氛，不過這時又有志願者出來說：「我們已經走了很遠，目的地肯定就在這附近了。」於是隊伍再次恢復安靜，繼續向前。

　　終於第二組志願者走完了 5 英里的全程，全部到達了目的地。不過當他們到達之後每個人都顯得異常疲憊，同時還抱怨聲不斷，覺得參加這個實驗實在是太後悔了。

　　最後輪到了第三組志願者。這次實驗者將目的地以及具體的路程長度告訴了他們，並且讓對環境比較熟悉的實驗助理每走一英里就對志願者通報一次。結果呢，第三組志願者愉快的踏上了旅程，一路上邊聊天邊看風景，最後順利的到達目的地。並且除了體力上略有些疲勞以外，每個人的精神都是非常不錯的。

　　三組志願者走相同的一段路程，為什麼會有這麼大的差距？原因就是因為第一、第二組志願者沒有明確的目標，他們不知

道自己距離終點還有多遠，所以他們在前進的道路上很容易產生放棄的想法。而第三組志願者有著明確的目標，同時清楚知道自己和目標之間的距離，他們的行動動機就更加強烈，最終懷著愉快的心情完成了實驗。

幾乎所有人都知道人生目標的重要性，但卻並不是每個人都能找到正確的前進方向。這就像是一句電影臺詞說的一樣：「我們聽過無數的道理，卻依然過不好這一生。」

未來的目標是什麼，這對於我們的人生非常重要，它關乎我們的一生是否具有意義和價值。

我們提到過人生道路是如此地複雜的，看起來有許多道路供我們選擇，但是並不是每條道路都通往我們所夢想的方向，這時我們就需要自己成為自己的指南針，自己幫助自己尋找到人生目標。

當我們成為自己的指南針之後，就可以找到自己最大的弱點和最深的渴望，而當這個渴望繼續延伸，就會成為你的人生目標。

有一句話叫做：一個擁有目標的人，全世界都會為他讓路。

當我們沒有目標或者沒有一個正確的目標時，那麼我們只能成為他人精彩人生的看客，然後在無盡的迷茫與錯過中懊悔掙扎。

人生導師的第三個角色：鞭策者

「我每救一個人之後，就會對自己說：上帝啊，我要再多救一個！然後我繼續努力，下一次我又對自己說：上帝啊，再讓我多救一個……」

—— 德斯蒙德・多斯（Desmond Doss）

想像一下：

如果你是一名部隊軍醫，在一場戰役中，部隊突然宣布撤退，但是在陣地上還有很多因為受傷無法撤退的戰友，你想盡自己的能力救出你的戰友。現在僅僅靠你自己的力量，沒有部隊的支援，你能夠在敵人眼前救出多少個戰友？

2 個？ 5 個？ 10 個？

這是一個真實的情境，它發生在第二次世界大戰時，美國和日本在沖繩島上發生的戰役。而那個一心想要救出自己受傷戰友的美國軍醫，最終依靠自己的力量，一共救出了 75 個人。

這聽起來似乎有些不可能的，但是這位軍醫他就做到了，這名軍醫的名字是德斯蒙德・多斯（Desmond Doss），他的事蹟在 2016 年被導演梅爾・吉勃遜（Mel Gibson）拍成了電影，電影的名字叫做《鋼鐵英雄》（*Hacksaw Ridge*）。

事後曾經有人問他究竟是如何做到這一切的，多斯回答說：「我每救一個人之後，就會對自己說：上帝啊，我要再多救一

個！然後我繼續努力，下一次我又對自己說：上帝啊，再讓我多救一個……」

「就是這一次次的祈禱，使我成功地救出了那麼多人。」

我們都知道，讓他救出那麼多人的，並不是上帝，而是他自己。他每一次祈禱，都是一次對自己的鞭策。

正是這一次次的鞭策，使他完成了單槍匹馬救出 75 個人，這幾乎是一項無法想像的神蹟，也是人類潛能的一次驚人發揮。

維琴尼亞·薩提爾（Virginia Satir）是美國著名的心理治療師和家庭治療師，她曾經提出過一個理論叫做「冰山理論」：每個人的「自我」就像是冰山一樣，能夠被外界所看到的只是冰山露出水面的部分，也就是很小的一部分，其餘更大的部分都隱藏在水下，不為外界所了解。

「冰山理論」同時也展現在人類的能力發揮上，一個人所表現出來的能力只是其全部能力的一小部分，更多的能力都隱藏在表面之下，這就是我們常說的潛能。

每個人都有極大的潛能，但是該如何將我們自己的潛能挖掘出來呢？想要激發出我們內在的潛能需要做的事情有很多，其中最不可缺少的一件事情，即是自我鞭策。

時刻地自我鞭策，不要讓我們對人生對未來有所懈怠、有所動搖，努力讓我們去做到最好。只有這樣我們才能讓自己最大化地發揮出自己內在的潛能。

其實我們人生中的鞭策者有很多，小時候父母的教導是一種鞭策，上學後老師的教育是一種鞭策，步入社會後老闆的訓話也是一種鞭策。

但是這些鞭策都是來自於外界，是他人強行灌輸給我們的，大多數人對這種外界強加給我們的東西都會有一定的排斥心理，這是人的本能或者天性，即使它們來自於我們最親近的人。因此，最佳的鞭策者只能是我們自己。

只有自己才能最有效地鞭策自己；只有自己才能隨時隨地鞭策自己；只有自己才最了解我們想要的目標，然後按照這種目標的要求來鞭策自己。所以我們也只有成為自己的鞭策者，才能最大化地發揮出自己的潛能。

1945 年，一名職業運動員用了 4 分 01 秒的時間跑完了一英里，同時也創造出了當時一英里賽跑的世界紀錄，而紀錄產生之後，一部分人認為 4 分 01 秒已經是人類的極限，不可能再有所突破了。在後來的十年時間裡，這個紀錄確實一直沒有被打破，大多數的人們也認可了 4 分 01 秒是人類極限的說法。

不過在 1954 年 5 月的一個傍晚，英國牛津大學的一名醫科學生在 1,000 名觀眾面前開始挑戰這個紀錄，並且最終以 3 分 59 秒的成績，成功突破了之前大多數人認為的人類極限。這個醫科學生的名字就是羅傑‧班尼斯特（Roger Bannister）。

在班尼斯特打破了保持十年的一英里賽跑世界紀錄之後，

他馬上就成為體育界乃至醫學界的紅人，無數人抱著不同的目的採訪他，體育界人士希望知道他是透過怎樣的訓練突破了原有的紀錄，醫學界的人希望研究他的身體，看他在身體方面是否有超乎常人的地方，才能夠突破那個在醫學界看來是人類身體極限的紀錄。

但是這些人在了解過他之後都略感到失望，因為他們既沒有發現班尼斯特有什麼訓練祕訣，也沒有發現他的身體有超越常人的地方，但是只有班尼斯特自己知道他為了突破這個紀錄付出了什麼。

早在突破紀錄的八年前，班尼斯特就已經有了想法，他認為雖然從現有的醫學知識上來看，人類確實無法突破一英里 4分鐘的極限，但是他相信人的身體是有著極大潛能的，只要一個人願意去突破這個紀錄，就一定能夠利用自己的雙腳，戰勝所有的困難，最終實現目標。

在此之後，班尼斯特就一直用這個想法鞭策著自己，並且無數次嘗試挑戰紀錄，但也失敗了無數次，最終在 1954 年 5 月的一天，實現了完成了自己的目標，成功突破了 1 英里 4 分鐘的紀錄。還有一件有意思的事情，就是在班尼斯特突破這一紀錄之後的幾年時間裡，又有多位運動員突破了他的紀錄。1999年，一位摩洛哥運動員甚至將這一紀錄提高到了 3 分 43 秒，但是班尼斯特依然認為這並不是人類的極限，他相信在未來的數

十年裡一定會有人去打破這一紀錄。

人的身體具有極大潛能，那些一次次超越極限的人就是在一次次的挖掘自己身體的潛能，他們相信潛能會讓自己突破所謂的極限，潛能能夠讓自己做到一些常人看起來做不到的事情，所以他們不斷鞭策自己，鼓勵自己不斷前行，在挖掘潛能的道路上不斷進步，最終實現自己的既定目標。

從班尼斯特的案例中我們可以知道，最初賽跑運動員無法突破一英里 4 分鐘的紀錄並不是能力不足，只是因為他們沒有意識到自己可以利用潛能突破這一紀錄，沒有去鞭策自己挖掘身體的潛能。

而班尼斯特對紀錄的突破終於讓其他運動員意識到原來這一紀錄並非是不可能打破，人的身體並沒有醫學界所認定的極限，所以在班尼斯特之後又有數名運動員突破了這一紀錄。

我一直都是薩提爾「冰山理論」的忠實信奉者。在我看來，每一個人都像是一座冰山一樣，雖然展現在外界面前的部分並不怎麼起眼，但是在隱藏的部分中卻有著極大的潛能，而成為自己的鞭策者，就成為激發自己潛能的最佳方式之一。

很多時候我們會感覺自己的人生道路非常複雜，可以選擇的道路太多，但是我們不知道哪條道路才是正確的。所以我們就會希望從天而降一個人生導師，來幫助我們做出選擇。

然而，雖然我們在一生中會遇到很多個人生導師，這些導

師在不同人生階段給予我們不同的指導，但是我們必須要明白一點：對於我們自己來說，真正的最好的人生導師永遠是我們自己，並且「自己」這個人生導師將會伴隨我們的一生。

第 3 章
即時結賬，不欠未來：
未來是時間對你的索賬

一切皆有可能？不，是「春天花會開」

「一個真正頓悟的人，他不會對未來有【一切皆有可能】的
幻想，他只是過好當下的生活，未來對他來說就像春天來到花
自然會開一樣簡單和自然。」

—— 對未來的領悟

經常有人對我說未來有無限的可能性，我通常會微笑的表
示贊同。是的，未來確實有無限的可能性，但是這句話換種說
法，就是沒有人能夠知道未來究竟會發生什麼事，它充滿了不
確定性，我們能夠確定的只有當下。

有時我們會用未來的無限可能性來鼓勵自己，告訴自己現
狀代表不了什麼。

對於這種想法，我們可以解讀為永不放棄、永不氣餒，但
是我們也可以解讀為這是對當下的自己的一種不滿意，然後希
望用未來的可能性來緩解自己不滿意的情緒。

未來永遠都是一個相對的概念。對於 2017 年的當下來說，
2027 年是未來。但是時間到了 2027 年之後，它又成為了當下，

未來還是在前方。

無論我們是沉淪於過去的回憶，還是沉溺於未來的幻想，最接近真實的只有當下。因此每一個真正活在當下的人雖然有回憶，但是不會沉淪，雖然有理想但是不會沉溺。對當下的認識讓他們意識到自己能夠抓住的只有當下。

所以他們只做可以做的事情，只做該做的事情。

我們的當下其實也是過去的未來，我們當下所過的生活正是我們過去的期許。想想過去你如何幻想現在的自己，你完成這個幻想了嗎？

當我們說：未來有無限可能，事實上，如果我們現在什麼也不做，隨波逐流，那麼我們的未來只有一種可能，而它是不是我們所盼望的，那只能寄希望於渺茫的運氣。

我們盼望未來，不過首先要過好當下。當我們對未來有清楚的認知時，我們就會發現，如果想要實現夢想的未來，那當下的我們只有一條路可走。

雖然我們無法準確的預知未來，不過我們依然可以將未來可能發生的事情分成兩大類。

第一類是由我們當下的知識和經驗判斷，去預測未來可能會發生的事情。

比如當下的運動鍛鍊可能會讓未來的我們保持身體健康；比如當下制定理財計畫可能會讓未來的我們實現財務自由。所

以我們想要未來變成什麼樣，就只須根據知識和經驗的判斷當下應該怎麼做，然後認真去做就可以了。

第二類則是由小機率的事情，也就是沒有任何徵兆、完全無從預測的事情。

這些事情是我們以個人能力完全無法影響的，用一個詞語來形容就是「運氣」。既然這類事情我們無法預測也無法影響，那在當下也就完全沒有必要去考慮，只需要考慮當下應該做什麼就可以了。

比如一個年輕的學生，未來想要成為一個環遊世界的攝影師，那麼對於當下來說，要做的就是存錢、練習攝影技術、學習外語，以及學習他人的環遊世界的經驗，為未來做準備。

如果這個年輕的學生選擇庸庸碌碌隨波逐流地生活，像大多數人一樣上課、下課、玩線上遊戲、出去約會，未來他能夠成為環遊世界的攝影師的機率有多渺茫，不用說也都知道。

大多數號稱有理想卻仍然迷茫的人，之所以會迷茫，是因為他特別清楚，他當下所做的事情，和他的理想毫無因果關係。正是因為明白，所以才會迷茫。一個每天都為了理想而奮鬥當下的人永遠不會感到迷茫。

使我們感到漫長難捱的，並不是時間本身，而是我們耐心的匱乏。

真正使我們感到緊張的，也不是因為我們的進取，而是進

取過程中的失控。

當我們擁有了淡定，我們就會擁有內心的平和與喜悅。

當我們清醒地覺察當下和未來，我們就會獲得真正的專注與冷靜。

未來是很長的，今天的你，又是為了什麼忙忙碌碌？

自省內觀才是回歸正確航線的開始

「認識自己可比認識別人要難得多了。」

—— 我的一位朋友說

曾經有人問過泰戈爾（Tagore）兩個問題：「在這個世界上什麼事情是最容易的？什麼事情又是最難的？」

泰戈爾回答說：「這個世界上最容易的事情就是指責別人，最難的事情就是認清自己。」事實也正是如此。

有一個有趣的小故事：一個婦人的臥室窗戶正好對著鄰居的後院，每次鄰居在後院裡晾晒衣服她都能看得見。結果這個婦人發現鄰居晾晒的衣服總是沒有洗乾淨，上面還有很多汙點，所以這個婦人經常會和朋友說鄰居是怎樣懶惰的人。

然而，有一天朋友來到她的家中做客，恰巧此時鄰居又在晾晒衣服，這個婦人就喊朋友到臥室說：「你看這個懶惰的鄰居又在晾她沒有洗乾淨的衣服了。」

　　結果朋友仔細看了之後，找來一塊清潔布在窗戶上擦了幾下，然後對婦人說：「並不是鄰居沒有把衣服洗乾淨，而是您的窗戶玻璃髒了。現在您再看看。」

　　婦人聽了之後再仔細一看，果然像是朋友所說，鄰居把衣服洗得非常乾淨，而自己臥室窗戶的玻璃上卻有斑斑汙垢。

　　在這個世界上沒有十全十美之人，即使聖人也是如此。但是我們大多數人都像是上面那個小故事中的婦人一樣，很容易發現他人身上的缺點和不足，卻無法發現自己的問題。多真正認識自己，因為認識自己並不是一件很容易的事情。

　　有的人活了幾十年，擁有超乎尋常的識人能力，可以輕鬆將他人看得十分清楚，掌握得非常準確，但是卻沒有辦法認識自己。因為識人只需要有足夠的閱歷和經驗就可以，而識己則需要做到內省和內觀。

　　什麼是自省？就是要用自我意識來省察自己的言行；什麼是內觀？就是要往內觀察自己的身心，洞察真相，淨化身心。

　　如今我們生活在一個物質資源高度富裕的時代，人類的科技水準也到了一個全新的高度，這讓我們不得不佩服的人類智慧的偉大。但是在社會進步、科技水準發達的背後卻是精神世界的極度匱乏。

　　在儒家經典《論語》當中曾有「吾日三省吾身」一說，然而現今我們大部分的人卻少有人能夠做到這一點。

★自省內觀讓我們正視自己

有一句名言：「生命不是超越別人，而是要超越自己。」是的，只有能夠正視自己，經常對自己進行自省和內觀，我們才能不斷地修正自己的言行。同時避免因為對自身能力的錯誤判斷而發生的失敗，當然，相對應的，我們也可以避免因為自卑或者膽怯而錯過一些原本應該屬於自己的成功。

有一個年輕人出去逛街，他看到有一個老人坐在街邊，面前放了一個大魚缸，裡面有數十條大小不一的觀賞魚。

年輕人看到之後以為老人是賣魚的，碰巧這個年輕人自己也喜歡養魚，於是他就上前詢問魚的價格。結果老人對他說自己不賣魚，自己只賣撈魚的魚網，價格是一塊錢一個，買魚網的人就可以到魚缸裡去撈魚，撈上來的就是自己的了。

年輕人聽完之後往旁邊一看，才發現魚缸一邊還放著厚厚的一疊魚網，不過這個魚網看上去非常不結實，年輕人就問老人：「不會是你這個魚網有問題，魚一碰就破吧。」老人笑了笑回答說：「放心吧，我的魚網絕對能把魚撈上來。」

年輕人聽完之後放心了，然後就買了 5 個魚網，開始在魚缸裡撈魚。

年輕人瞄準那些體型較大的魚撈，結果大魚力氣大，撈到了馬上就衝破了魚網。很快的，年輕人的 5 個魚網就都破了，並且一條魚都沒有撈上來。這時年輕人大怒對老人說：「你剛才

不是說自己的魚網沒有問題，一定能夠把魚撈上來嗎？那為什麼我用破了 5 個魚網，卻一條魚都沒有撈上來？」

老人看了看年輕人說：「年輕人，我的魚網肯定可以把魚撈上來，不過我剛才看你撈魚，一心挑那些個頭大的魚撈，但是你卻沒有仔細想過，自己手中的魚網有沒有能力去撈這些大魚？」

說完，老人就從旁邊隨意拿出一個魚網，對準魚缸裡的一條小魚，非常輕鬆地就撈了出來。

每個人都需要有自己想要做的事情，但是這件事情必須要根據自己的實際能力來決定。如果一個人高估了自己的能力，那麼實現這件事情就成了妄想，這只會讓我們停在原地止步不前。與其這樣不停的在原地焦慮打轉，倒不如重新審視自己，對自己進行自省和內觀，根據自己的真實情況對未來重做打算。

就像故事中的年輕人一樣，他一心將目標鎖定在大魚身上，卻總不能如願的撈到大魚，一次次讓大魚在魚網中逃走。如果此時他願意降低自己的目標，去撈一些體型較小的魚，那麼就可能得到另外的一個結果。

很多時候我們感覺自己距離成功非常近，僅有一步之遙，但就是這一步我們卻怎麼也無法跨過。於是我們拚命地向前努力，拚命地掙扎，但是最終卻依然無法成功，只能選擇放棄。但也許我們這時只需要稍微地往後退一步，根據自己的能力降

低標準，成功也許就到來了。

　　一個真正懂得自省和內觀的人總能夠對自己做出正確的評價，然後替自己找到一個最為恰當的目標。因為他們在前行的時候不會將所有注意力都集中在目標上面，他們還會將一部分注意力放在自己身上，時刻審視自己。

　　自省和內觀在幫助我們確定合適目標的同時，也能夠幫助我們發現自己內心深處的頑疾。透過自省和內觀我們能夠觸及到自己的靈魂深處，將藏在那裡的狂妄、自大、軟弱等性格全部從自己身體中驅趕出去，讓我們重新回歸正確的航線，重新開始面對人生。

每個人都是超人，
只是你沒有找到「正確的變身方式」

　　「你房間裡那本書，只看了前面的 8 頁，其他書也是一樣。好不容易稍微有點學習的幹勁了，可是書一買回來就滿足了 ——你這小子就是那種最渣的人。」

——《落 KEY 人生》

　　一個獵人帶著自己的獵犬去森林裡打獵。

　　這個獵人在森林裡轉了很久都沒有發現獵物，就在他垂頭喪氣準備回家的時候，突然發現不遠處的樹下藏著一隻兔子。

　　這個獵人看到有獵物非常高興，小心翼翼的舉起了槍，瞄準了兔子，然後扣動了扳機。結果這一槍打到了兔子的腿上，兔子受傷之後立刻拚命地逃跑。這時，訓練有素的獵犬馬上朝著兔子飛奔而去。

　　不過，雖然兔子的腿已經受傷了，但是獵犬卻追不上兔子，並且和兔子之間的距離越拉越大，最終讓兔子鑽進了錯綜複雜的洞穴中逃脫，獵犬只好悻悻的返回獵人的身邊。

　　獵人看到獵犬什麼都沒有抓到就回來了時非常生氣，他對獵犬大喊說：「你這個笨蛋，兔子腿已經受傷了你都追不上，養你有什麼用！」

　　獵犬此時也感到很委屈，對獵人說：「我剛才已經盡力追那隻兔子了，並沒有偷懶。但是不知道為什麼那隻受傷的兔子還能跑那麼快。」

　　就在獵犬被主人訓斥的同時，兔子帶著傷回到了家裡。其他兔子看到之後就圍了上來問牠發生了什麼事，受傷的兔子就把事情的經過說了出來。

　　其他兔子聽了受傷兔子的經歷之後非常驚訝，問受傷的兔子：「你的腿受傷了居然還能跑過獵犬，是怎麼做到的，不會是那隻獵犬偷懶了吧？」

　　受傷的兔子說：「怎麼可能偷懶，那隻獵犬跑得飛快，已經盡全力了。不過我忍住疼痛，跑得比牠更快，因為牠只是盡全

力跑，而我則是拚了命地跑。如果我不拚命跑 —— 那我就死定了！」

獵犬真的跑不過腿上已經受傷了的兔子嗎？當然不會，如果在獵犬身後放一隻獅子追牠，那獵犬肯定能夠追上兔子。而兔子能夠在受傷的情況下跑贏獵犬，只是因為這關係到牠的生存：被追上就沒命了。於是兔子就拚了命的跑，此時受傷的牠逃跑的速度可能要比平時還要快得多，因為逃命的需求激發出了牠的潛能，所以這隻受傷的兔子有了超常發揮，成功甩掉了獵犬。

人其實也是如此。

我們每個人體內都有極大的潛能，當這些潛能爆發出來時，我們就像是超人一般，可以做到一些在平時看起來完全不可能的事情。

不過，在日常生活中，大多人表現都是非常平常的，我們將他們稱為普通人。

只有少數人能夠做到普通人做不到的事。當有人做到了普通人做不到的事情，他們在人群當中顯得非常突出，如同變身後的超人一樣。這並不是因為普通人沒有「變身」的能力，只是因為他們缺少動力，沒有找到「變身的正確方式」。

古希臘哲學家柏拉圖（Plato）在自己的書中曾經提到過人類可以掌握的知識是無限的，我們每個人都具有成為超人的

潛力，但是同時我們每個人的身體裡還藏著一些根深蒂固的惰性，這種惰性讓我們不要前進，不要努力，不要將自己逼得太緊。

它的存在讓我們的潛能始終無法釋放，將自己局限在普通人的範疇，最終碌碌無為的過完自己的一生。

有句俗語：「窮人家的孩子早當家。」

為什麼窮人家的孩子能夠早當家？因為他們面臨和受傷的兔子類似的情況：如果無法做到平時做不到的事情，那他們的生存就將出現問題。

這時逆境就成為了一種動力，並且是惰性很難影響的動力，原因很簡單：在生存面前，絕大部分人都可以戰勝惰性。所以窮人家的孩子才能激發出自己內在的潛能，從而做到同齡人做不到的事情，完成從普通人到超人的變身。

從運動員訓練當中我們能夠發現同樣的道理。

了解運動員訓練的人都知道，為了強化身體的力量，教練經常會安排運動員做負重訓練，比如常見的負重跑步。透過這種方式的訓練，運動員的力量會迅速成長，從而讓他們在運動場上有更好的表現。可能有人會不理解這種訓練方式，認為跑步就應該是跑步，為什麼要讓身體背負額外的重量？

事實上這些額外的重量就是為了給身體帶來壓力，同時也是為身體力量的提高帶來動力，只有這樣，身體力量的提高才

會更迅速，並且只有在負重不斷加大的情況下，我們才能激發身體的潛能，知道自己的極限在哪裡。

人生其實也是如此。當我們生活缺少壓力、缺少挑戰性時，前進的動力就會減少，自身的惰性就會影響我們，讓我們的潛能無法發揮。生活的磨難就成為了我們最好的壓力和挑戰來源。

面對磨難，有人會抱怨，有人會退縮，但也有人會迎頭而上。這些迎頭而上的人不是不害怕，無論面對什麼都不會害怕的人早已在進化的過程中消失了。而那些願意迎頭而上的人，在害怕的同時還明白這是自己的機會，一個逼自己一把的機會。

如果不逼自己一把，我們不知道自己能夠做得多好，也不知道自己究竟有多優秀。當我們面對磨難，願意迎頭而上時，「變身」就已經開始了，在一次次挑戰自己極限的同時，我們也完成從普通人到超人的轉變。

Part 2.
尋回內在力量：人際、物質與關係

第 *4* 章
釋放內在潛能：自我解放與成長

▌問題並不是真正的敵人

> 「天使終究是不會來的。可是我們還有北斗七星。」
>
> ——《菊次郎之夏》

在很長的一段時間裡，我總是會週期性地就陷入低谷。當進入低谷期之後，我就會感覺自己的世界一片灰暗，不知道應該如何從低谷期走出來，也不知道低谷期將會持續多久。但是每一次最後我都從低谷期中走出來了。

這也許就是人的韌性吧。雖然有時我們會顯得很脆弱，很容易就被命運所擊倒，但是我們在一次次地被擊倒之後，又一次次地爬了起來。

在被低谷期困擾的時候我曾這樣想過：如果我能夠讓眼前的所有問題突然全部消失就好了。不過現在面對問題、面對低谷期，我已經能夠坦然面對了。因為問題總是存在的，沒有人能夠一次就將人生所有問題全部解決，這也就意味著，即使我有能力讓眼前的所有問題都突然消失，還是會有新的問題出現，來填補這些空缺，並且問題還會升級。

當我們滿足了一個慾望，就會有更大的慾望出現，所以人

是很難滿足慾望的。問題其實也和慾望類似。命運不可能總替我們準備一些簡單的問題，每當解決一個問題，我們的能力就會略有提高，命運就會安排一些難度比之前更高一點的問題。

玩過線上遊戲的人都知道，在遊戲中消滅一個怪物後，就會有更強的怪物在等待我們，遊戲公司總會為玩家製造有挑戰性的對手，這也是吸引玩家的一種手法。人生其實也是如此，命運就是人生這款遊戲的遊戲公司，而問題就是不斷變強的怪物，所以人生道路總是充滿了曲折。

不過每當我們戰勝了問題，從人生低谷期走出來時，就會發現前方出現一片坦途，讓我們得到了短暫的自由和快樂，雖然我們知道在不遠的前方依然還有問題和低谷在等著我們，但即使是這樣，生活本身也是值得我們去熱愛的。

在這裡我想起了法國電影《終極追殺令》（Léon）中，女主角瑪蒂達問男主角里昂：「人生總是這麼苦嗎，還是只有童年苦？」

里昂回答：「總是這麼苦。」

有時我們會認為問題是我們的敵人，這時我們會因為問題而痛苦而焦慮，對它百般抵抗，但因為問題是永遠存在的，所以永遠得不到想要的安寧。

但是，其實問題的本身並不是我們的敵人，因為問題就是人生的一部分，我們必須學會與它共存，當我們了解到這一點

時，就不會再受到問題的困擾，然後在問題的伴隨下，繼續我們的人生之路。

約翰・富比士・納許（John Forbes Nash）是一位全世界最為有名的天才數學家之一，不過納許在年輕時患上了嚴重的精神分裂，因此他總是會出現幻覺。在發現自己患上疾病之後，納許一心想要治癒自己的精神分裂，但是從來沒有治癒過。在妻子的幫助下，納許終於明白自己並不一定必須治癒病症，因為自己只要處理好和病症的關係，就能夠繼續自己的工作，與病症和平共處。最終納許憑藉不懈的努力和驚人的毅力繼續正常工作，並且在 1994 年時獲得了諾貝爾獎。而此時，幻覺依然會不時的出現在他的生活中，不過他已經能夠不受幻覺的影響。

類似的事情還發生著名的物理學家史蒂芬・霍金（Stephen Hawking）的身上。

21 歲時，霍金被診斷患有肌萎縮性脊髓側索硬化症，即運動神經元病，醫生曾經斷言他只能再活 2 年。最終霍金頑強地活下來了，但是卻終生被困在了輪椅上，只有三個手指頭和兩隻眼睛能移動。

然而很快，霍金學會了如何與病痛共處，無法說話，他可以使用語音合成器，無法動手翻書寫字，他就使用輪椅上的機器來完成這些工作。

身體的局限絲毫沒有困住他，霍金成為了現代最偉大的物

理學家之一。

　　人生中總是充滿了問題，有的問題我們很容易就可以解決，但是有的問題卻不一樣，它非常難解決甚至是無法解決，就像是年輕時候的納許遇到的精神分裂一樣，治療只能讓病情緩解，但是卻無法根除。

　　當我們遇到類似的問題之後，很容易就會將所有的注意力集中在問題上，千方百計的想要解決問題，並且在這個過程中形成一種思維：不解決這個問題，一切都無法繼續。一旦陷入這種思維之後，我們就將問題徹底的擺在了自己的對立面，將它看做是自己人生中最大的敵人。

　　我不否認將一個問題看做是自己人生最大的敵人，從某種角度來看是有積極意義的，這種看法會激發我們去解決問題的勇氣和信心。不過這種看法的消極意義要遠大於積極的意義。因為在前面我也提到了人生之中很多問題是無法根除解決的。比如先天生理缺陷，比如家庭出生環境，比如無法治癒的疾病等等。當遇到這些問題的時候，一旦過分的想要解決問題，就會讓自己走入絕境，因為問題無法解決而失去了對人生的希望。

★你沒有必要控制一切

　　道理總是非常簡單，但是現實生活中，我們卻很難做到與問題和平共處，究其根本原因，就在於我們內心深處有一個錯誤的想法：我必須要控制一切。

很多時候我們會認為自己可以控制一切，但事實上這是不可能的。這種錯誤的想法其實就是一種強迫症。

有一個年輕人工作非常努力，也非常有上進心。因為他一直想要在事業上有一番作為，所以他無論是在哪方面對自己的要求都非常嚴格。雖然在這個年輕人的努力下，他的事業一直在不斷上升，可是他對自己卻總是感覺到不滿。因為他經常會在工作時出現精神不集中的情況。

實際上每個人的精力都是有限的，當我們長期把精神高度集中一段時間之後，就會不自覺的出現精神不集中的現象，這是人的正常反應，但是這個年輕人卻不這麼看待。

於是年輕人從網路上尋找各種保持精神集中的方法，一一進行試驗，還試圖透過吃藥的方式來解決這個問題，不過被醫生否決了。在將各種方法都嘗試過一遍之後，這個年輕人不但沒有達到目的，反而在工作的時候更容易失神了。因為他在工作時總是提醒自己不要分神，要集中精神工作，但是越強迫，效果反而越差，年輕人也因為這個問題一蹶不振，陷入了絕望中。

有一個有趣的心理學測試，名稱叫做「不要想粉紅色的大象」。

測試開始時，實驗者會告訴被測試者不要想像有一頭粉紅色的大象在隔壁的屋子裡，最後被測試者發現這是很難做到的。也許被測試者一輩子都沒有想到過有一隻粉紅色的大象，

但是在實驗者告訴他們不要去想粉紅色大象的時候，粉紅色大象就會不斷出現在他們的意識之中，因為我們無法控制自己的意識。那麼如何不讓被測試者在腦中想像有一隻粉紅色的大象呢？最簡單的方法就是不要告訴被測試者關於粉紅色大象的話題。

案例中的年輕人也正是如此，他非常想讓自己的精神始終保持集中，但是他在工作時越這麼想，就越容易分神。因為我們無法控制自己的意識，並且當我們越想控制自己的意識時，情況反而會變得更糟。

其實分神只是一種正常生理現象，我們沒有必要過多地干預它，我們也控制不了它，所以最好的方法就是順其自然，不要總是想要控制自己的意識，這樣反而會產生一個好的效果。如果我們不能與之很好地共存，強迫自己去控制它，反而會讓這種正常的生理現象成為一個大問題，困擾著我們的生活。

你身上也有繼承而來的「枷鎖」嗎？

「我們都有各種理由去尊敬英雄。有的是因為英雄的膽識，有的是因為勇氣，有的是善良。但我們尊敬英雄的大部分原因，多多少少是因為我們都幻想著被拯救。當然，要是真正的英雄沒有出現，有時，我們就只有自我拯救了。」

——《慾望師奶》（Desperate Housewives）

有一個男孩名叫菲利普，雖然他只有 10 歲，但是在老師眼中，他卻是一個標準的「問題學生」，因為他總是無法將注意力放在學業上，同時他還有撒謊、偷竊的習慣。

菲利普有一個非常糟糕的家庭，他的父親是一個無藥可救的酒鬼，同時還有暴力傾向。幾乎每天都處於醉酒狀態，然後毆打菲利普和他的母親。母親在菲利普三歲的時候無法忍受，在一個夜晚選擇了悄悄離開，在此之後菲利普再也沒有見過他的母親。母親離開後菲利普的日子更加難過了，因為父親把怒火全都發洩到了他的身上。

菲利普的遭遇引起了鄰居的注意，最後鄰居選擇了報警，在警察的干預下，菲利普終於離開了家庭。之後有幾個家庭想要收養他，不過當這些家庭發現菲利普有偷竊和撒謊的習慣，就都放棄了收養。

為什麼菲利普養成撒謊和偷竊的習慣？因為雖然在警察的幫助下，菲利普離開了父親，但是童年時候的經歷卻一直深藏在他的記憶中。為了減少自己挨揍的次數，所以他選擇了撒謊，為了不至於讓自己餓死，所以他選擇了偷竊。這些習慣都是在父親的虐待下養成的。

而根據之後的調查，菲利普父親的童年同樣也是不幸的。因為菲利普的祖父同樣是一個不務正業的酒鬼，也同樣會在喝醉之後毆打菲利普的父親。菲利普的父親想要忘記這段悲慘的

過去，但是無法做到，因此他也選擇了酗酒，並且將心底深處對父親的仇恨投射到了菲利普身上，所以才會虐待菲利普。

　　這是我曾經在一本心理學刊物上看到過的一個案例。從菲利普的遭遇，我們就可以看出童年時期家庭給我們帶來的痛苦是可以繼承的，並且如果不加以干涉，這種繼承會一代代的持續傳遞下去。

★枷鎖會「代代相傳」

　　我們都知道很多病症是可以家族遺傳的，然而卻少有人知道痛苦同樣能夠遺傳。當我們童年時期家庭充滿了痛苦時，這種痛苦就可能會遺傳到我們身上，並且在我們成年之後依舊影響著我們。它就像是一把龐大的枷鎖一樣，時刻掛在我們身上，並且如果我們沒有意識到或者沒有採取正確的應對措施，那麼這把枷鎖將很可能伴隨我們一生，讓我們一生都生活在痛苦當中。

　　想要打破這種繼承的「枷鎖」，我們只能親自動手。面對童年時期遭受的痛苦，無論我們選擇逃避還是投射仇恨都沒有作用，這些痛苦依然會始終籠罩著我們，並且還會傳遞下一代身上。

　　就像案例中菲利普的父親那樣，他用酗酒、投射仇恨方式來緩解童年經歷為自己帶來痛苦，但是這種做法只讓他從受害者變成了一個傷害施加者，並且還讓自己的兒子成為了和自己

一樣的人。

　　沒有了光明也就沒有了黑暗，兩者是相對而言的，在我們人生中光明和黑暗都必須存在，這才達到平衡，世間萬物都是如此，這是宇宙執行的規律。過去已經發生的事情我們無法改變，也不可能做到完全不受其影響，但是受到什麼樣的影響是我們可以選擇的。我們可以選擇像菲利普和他父親那樣，讓自己成為曾經痛恨過的人。我們還可以選擇深入分析過去自己的經歷，然後從中學習到經驗和教訓，然後利用這種經驗和教訓來打破痛苦繼承的枷鎖。

　　當然，如果過去經歷給我們帶來的痛苦太深，想要打破繼承的枷鎖並不是一件容易的事情，但是並不是說不可能。我們要學會與自己對話，從而化解痛苦對我們的影響。

　　可能有人對「與自己對話」感到難以理解，它指的是雖然如今我們已經長大成年，但是在我們內心深處仍一直存在一個另一個自己，這個自己因為受到了太多的傷害，所以一直都無法走出陰影，從而影響我們的思想和行為，讓我們繼承痛苦的枷鎖，可以說「過去的自己」就是枷鎖的源頭。

　　而我們與自己對話就是為了消除他的恐懼，理解他，同時化解他的仇恨，打破痛苦枷鎖的繼承。

　　在與自己對話時，我們首先要原諒傷害過自己的人。打破痛苦的枷鎖首先就需要學會原諒。這裡的原諒也包括曾經傷害

過我們的人。

　　我們要原諒那些曾經帶給我們痛苦的人，比如酗酒的父親。要明白他們的一切行為並不是自願的，而是受到了自己過去的影響才造成的。在酗酒、虐待的背後，他們也有一顆脆弱的內心。他們的所有行為都是因為恐懼，對過去經歷的憤怒，所以他們想要改變這一切，只不過用了錯誤的方法。

　　其次我們要正確看待自己孩子的成長過程。為了不讓痛苦枷鎖透過自己繼續傳遞給孩子，我們需要正確看待孩子的成長過程。

　　在我們童年的痛苦經歷中，很多時候是因為父母對我們提出了不合理的要求，我們無法做到，這就成為了暴力對我們的藉口。

　　當成年之後，我們有時候會同樣的粗暴對待孩子，這其實是因為我們忘記了孩子只是孩子，他和成人有非常大的區別。而我們用一些成人的標準要求孩子，那麼自然孩子就很難做到。我們不用為此憤怒，因為我們本來就在要求孩子他們做不到的事情，我們需要了解到孩子的成長需要一個過程。

　　然後我們還要分清愛和恨。有時我們童年時期受到父母粗暴對待之後，就會產生一種錯誤的想法：粗暴對待其實是父母的一種愛，比如有一句話是「棍棒底下出孝子」，這就是將暴力當成一種正確的教育方法。

　　一旦我們錯誤的認為自己童年的遭遇是父母對自己的愛，

那我們就會用同樣的方式來「愛」自己的孩子，將痛苦的枷鎖傳遞給下一代。所以我們要讓自己明白，自己遭受的一切都是不公平的，我們有權力去憎恨。只有我們學會了去憎恨之後，再學會原諒，才能夠正確判斷對待孩子的方式的對與錯。

最後我們需要面對自己的痛苦。當我們還是孩子時，如果有痛苦的經歷，在此之後我們不願意回憶起過去的這些經歷，但是又無法忘記，就會選擇將這些痛苦經歷封存在自己內心之中，不承認它們的存在。

這其實是一種逃避痛苦的做法。逃避痛苦是沒有任何意義的，我們以為將痛苦封存在了內心深處它就不會影響我們，但這是不可能的，因為我們無法控制自己潛意識的活動，所以過去的這種經歷會在潛移默化之中影響著我們。

如果我們無法面對這些痛苦，無法化解它們，它們就會讓將枷鎖牢牢地鎖在我們身上，讓我們無法掙脫。只有面對這些痛苦，然後去化解它們，我們才能打破繼承的枷鎖，不讓痛苦再延續下去。

打破牢籠的鑰匙：擊破痛苦的三個幻想

> 「花太多的時間去想所剩的時間，反而忘了好好過生活。」
>
> ——《萬能鑰匙》（*The Master Key System*）

　　每個人都遭受過痛苦。痛苦的意義是什麼？

　　很多年前我的老師對我說：痛苦其實只是在向我們傳達一種訊息，訊息內容就是 —— 發生了一件和我們意願相違背的事情。

　　而這個訊息的作用，就是提醒我們去做出改變，改變那些讓我們痛苦的事情，這才是痛苦真正的意義所在。

　　如果我們能夠將痛苦理解成一種疾病症狀，這就非常好理解了。比如我們感到頭痛，這就意味著我們身體某個部位出現了問題，頭痛就是為了讓我們意識到這一點。那麼此時大多數人就會選擇去看醫生，但是通常醫生不會替我們直接就開止痛藥，因為止痛藥雖然能夠緩解或者消除疼痛的症狀，但是這只是暫時的。所以醫生會為我們身體做檢查，檢查究竟是哪裡出現了問題導致的頭痛，然後再進行治療，徹底解決頭痛。

　　痛苦也是如此，只不過我所說的頭痛它傳遞的訊息是身體出現了問題，而痛苦則是表達某件事情出現了問題，兩者相同的是都需要我們去尋找引起的問題源頭在哪裡，提醒我們去解決這些問題。

　　從痛苦的意義來看，痛苦本身並不可怕，它也不會對我們造成太大的影響。然而很多時候我們並不理解痛苦的這個意義，當我們遇見痛苦的時候，就開始不知所措，拚命的想要擺脫痛苦，但是卻總是事與願違。痛苦就像是緊箍咒一樣，我們

越試圖去擺脫它，它就讓我們更加難受。

當然，沒有人會喜歡痛苦的感覺，所以當痛苦出現時，我們出於本能希望擺脫痛苦，這並沒有錯，但是很多時候，我們在面對痛苦時首先只關注了痛苦本身，卻沒有意識到痛苦出現所代表的意義，沒有意識到應該去解決引起痛苦的根源。在這種情況下我們拼命地想要擺脫痛苦，自然是徒勞無功，並且還會因此引發一系列的心理問題。

想要對痛苦有正確的認識，意識到痛苦本身並不可怕，那我們就需要改變幾個對痛苦根深蒂固的錯誤看法。只有改變了這些看法，我們才能正確認識痛苦，能夠面對痛苦，然後去解決引起痛苦的根源。

★痛苦者的錯誤幻想一：我是最倒楣的一個

當我們被痛苦所包圍時經常會質問上天：「為什麼偏偏是我，為什麼挑中我承受這樣的痛苦？」但實際並不是如此。

每個人都有自己的痛苦，我們感覺自己是最倒楣的一個，只是因為我們只關注了自己的痛苦，然後拿自己的痛苦和周圍人去比較，卻忽視了他人也一樣被痛苦所包圍。

我有一個女性朋友，今年還不到三十歲，畢業於知名大學，有一份不錯的工作，還有一個非常愛她的男朋友。可就在前一段時間，她感覺身體有些不舒服去醫院檢查，檢查結果是肺癌。得知這個消息之後，平時熟悉她的人都感到十分震驚，

因為我的這個朋友從小就是一個乖乖女，從來沒有吸過菸，周圍也沒有吸菸的人。

但是她就是患上了肺癌。

在第一次從醫生口中得知這個消息時，我這個朋友還不相信的，認為是誤診，因為她實在想不出自己有什麼理由得這種病。然而在去過多家醫院診斷後，我的這位朋友終於相信了，因為醫生告訴她：「吸菸只會提高得癌症的機率，並不是不吸菸就沒有機率得。」

「這是機率。」

這是機率，這句理性得近乎冰冷的話，卻出乎意料地緩解了朋友內心的痛苦。

當確認病情之後，我的朋友開始接受了這一事實。她以超乎尋常的毅力和冷靜來處理這椿莫大的不幸。有一天我去醫院看她，陪她在小花園散步，她微笑著說出頗有哲理的話：「既然所有人都有可能死，那為什麼我不能？既然所有人都有機率得癌症，那為什麼不能是我？很奇怪，這麼想，我就很快地平靜下來了。」

朋友說：「現在既然已經確診了，那剩下的事情就是好好治療，沒有什麼其他好抱怨好恐懼的了。」

如今，我的這位朋友已經治療了很長一段時間，治療效果非常不錯。在身體條件允許的情況下，她還經常和男朋友出

去旅遊，並且已經準備在今年就舉行婚禮。我非常羨慕她的豁達，同時也衷心地祝福他們。

無論我們有怎樣的痛苦，都有無數人曾經或者正在經歷我們所經歷的這一切。所以上天其實是公平的，這只是一個機率問題，沒有人是最倒楣的。

★痛苦者的錯誤幻想二：都是當下在讓我們痛苦

有時候我們會不自覺的就陷入了痛苦情緒當中，但是卻不知道為什麼。有一句非常老套的話是：沒有無緣無故的愛，也沒有無緣無故的恨。在這句話後面再加上一句：同時也沒有無緣無故的痛苦。

任何痛苦都是有根源的，之所以我們有時找不到自己被痛苦所包圍的原因，這很可能是因為痛苦的根源並不在當下，而是在過去，通常都是因為童年經歷所造成的，這也就是為什麼我們經常會說一個人的童年將會影響他的一生。

有一對戀人，他們是大學同學，畢業之後兩人就走到了一起。雖然在外人眼中，他們兩人可以說是郎才女貌，非常幸福，但是在男孩心中卻一直對兩人的未來有所顧慮。

女孩長相甜美，為人處世也非常溫柔，男孩當時就被女孩的這一點所吸引。不過當兩人成為戀人之後，男孩就發現了女孩一個奇怪的地方，就是一旦女孩感受到了一點刺激或者侵犯時，馬上就像換了一個人似的，整個人立刻處於暴怒的狀態，

甚至有些歇斯底里，似乎想要將惹怒她的人殺死一樣。然而事情過後，女孩就又恢復了平時的狀態。而當男孩和女孩討論這件事情的時候，女孩自己也說不出為什麼，只是說當自己受到刺激的時候，馬上就陷入了一種非常激動的狀態，自己甚至都記不大清楚當時發生了什麼事，只是一心想要將情緒發洩出來。

究竟是為什麼一個平時看上去非常柔弱的女孩會這樣呢？這看上去似乎找不到答案，只能說女孩性格存在缺陷。但是如果我們深入了解了女孩的童年經歷，就很容易從中找到答案。

女孩的母親是一個非常愛打麻將的人，只要一有空就會出去打麻將。而女孩的父親則是一個沒有正經工作，每天只會抱著酒瓶喝得酩酊大醉的人。在這樣的一個家庭裡，女孩基本就沒有人管教。

這還不是最糟的，最糟的是，雖然女孩的父母很少同時都在家，但是他們只要同時在家裡，就會為家庭瑣事大吵大鬧，甚至大打出手。

打完之後，往往女孩的父親就會摔門而去，接著女孩的母親就會將剩餘的情緒發洩到女孩身上，開始打罵她。

雖然女孩沒有怎麼感受過家庭的溫暖，但是這也無法改變家庭所建構起來的親密關係。親密關係可以帶給我們安全感，能夠讓我們將自己真實的情緒發洩出來，相對應的，在普通的情況下，我們或多或少地會隱藏自己。

　　這也就是為什麼平時女孩看起來非常正常，但是當她和男孩成為戀人之後，問題就顯現了出來。因為她和男孩組成了親密關係，在這種關係下，一旦女孩受到刺激，她就很容易陷入童年時期家庭親密關係中的回憶裡，將兩個環境相疊加。所以女孩此時極端恐懼，一心想要保護自己，才會出現極端反常的行為。

　　所以痛苦的原因並不一定都是在當下，很有可能是在過去，比如童年。如果我們無法找到自己痛苦的根源在哪裡，那麼解決痛苦也就自然是不可能的事情了。

★痛苦者的錯誤幻想三：所有糟糕的事情都是由痛苦而起

　　有時候我們過分地將注意力集中在一件痛苦的事情上，就會將由於這件事情而產生的痛苦影響無限擴大，讓它成為所有糟糕事情的替罪羊。

　　一個年輕的女孩最近失戀了，同時還碰到一連串不順心的事情，所以她非常痛苦，於是就打電話向自己的閨密傾訴：

　　我在半個月前和男朋友分手了，我感覺非常痛苦，也都是因為分手，我最近的運勢變得特別差。

　　分手當天晚上我一個人喝悶酒，喝了很多，結果第二天得了急性腸胃炎，這兩天才剛好。這兩天主管要我加班趕一個報告，我才分手這麼短的時間，還沒有緩過來呢，主管就要我加班，我哪有心情。

　　結果今天到了交報告的時間，我還沒有弄完，主管又把我訓斥了一頓，還說要扣掉這個月的獎金。

　　晚上下班的時候我坐捷運，本來失戀就心情不好，結果還有一對情侶在我旁邊悄聲說說笑笑，我當時特別生氣，於是就非常不客氣地對他們說要講悄悄話去旁邊，接著就吵了起來，最後連警察都來了。

　　你說我最近一段時間是不是太不順了？都是因為失戀！

　　女孩抱怨自己遭遇的所有不幸都是因為失戀，但事實真的是這樣嗎？不失戀的話，她就能避免這一切了？我看不然。

　　從女孩的表現來看，很明顯她是一個缺乏自控，在工作上不夠用心，同時還不太懂得尊重他人的人，即使沒有失戀這件事，她身上也會發生其他事情。所以失戀只是她為自己行為開脫的一個藉口，並不是真實的原因。並且最終產生一個錯誤的思維：如果沒有發生這件事情，一切都將會變得美好。

　　然而事情既然已經發生了就不可能改變，這種錯誤的想法只會讓我們持續陷入痛苦的包圍中，同時還會成為我們不作為的藉口：這件事情既然已經發生了，那一切都只會越來越糟，所以我也就沒必要努力，因為我改變不了這一切。於是在這種錯誤的想法下，我們選擇放縱自己，然後再跌入更深的痛苦中，之後形成一個惡性循環。

　　上面所說的這三種對痛苦的錯誤幻想，我們每個人都曾經

經歷或者遇到過，它們也是影響我們無法面對痛苦的重要原因。當我們能夠徹底改變自己對痛苦的錯誤看法，意識到痛苦的積極意義（警示我們），就會發現痛苦本身並不可怕，只要我們能夠採取正確的應對方法，就可以很好地處理痛苦。

做回主宰者：殺不死我的，使我更強大

「此刻該笑嗎？」「我們還有權利笑嗎？」

—— 失去女兒的心碎父母

「我永遠、永遠也不會原諒你！」

痛苦的妻子怨恨地對丈夫這樣說。

這對夫妻的感情原本非常好，他們還有一個可愛的孩子，婚姻生活可以說是非常美滿，但是一場突如其來的變故徹底改變了這個家庭。

變故發生在一個平常的週末，這天的妻子想要趁放假有時間在家教孩子學琴，而丈夫則覺得孩子還小，每天上學已經夠辛苦了，星期天就應該讓孩子好好休息，所以丈夫想要帶孩子去遊樂園。

最終妻子聽從了丈夫的意見，一家三口一起去了遊樂園。結果在晚上開車回家的途中，一個喝得醉醺醺的人超速開車闖紅燈，撞上了他們的車。丈夫和妻子在車禍中只受了輕傷，但

是坐在後座的孩子卻因為撞擊傷勢過重而死亡。

　　我們可以想像孩子的死亡對於這個家庭是怎樣的一種打擊。丈夫在得知孩子死亡消息後跪地痛哭，妻子在得知這個消息之後立刻暈倒在地。當她清醒之後第一件事，就是朝著在床邊的丈夫狠狠扇了幾巴掌，渾身發抖地說：「我永遠、永遠也不會原諒你。」然後癱倒在地痛哭。之後妻子就選擇了和丈夫離婚，因為在妻子看來，如果不是丈夫非要帶孩子去遊樂園，就不會發生這種事故，所以丈夫要對孩子的死亡負責，自己永遠不會原諒丈夫。

　　妻子對丈夫怨恨其實就是一種遷怒，因為妻子無法承受孩子死亡的事實，她無法自己承受這種痛苦，所以就遷怒於丈夫，讓自己的情緒有一個發洩的地方，同時讓丈夫來分擔自己的痛苦。

　　但是這樣做的實際作用呢？不但傷害了丈夫，讓丈夫陷入更深的痛苦情緒中，同時也傷害了自己，因為自己不但失去了孩子，還因此而失去了丈夫，並且在之後的一生之中，她都將會在失去、仇恨與怨懟中度過。

　　某年 12 月的一個平常的中午，我坐在辦公室，一邊吃自己帶的三明治做為簡單的午餐，一邊像平時一樣點開社群平臺，漫不經心地瀏覽。

　　直到我看到了某個帳號的一則發文，配圖是一張老人的照

片，純粹的白髮，巧克力一樣的膚色，深深的皺紋，最吸引我的是他憂傷的笑容。

於是我細細閱讀他的故事：

「三十週年紀念日前一週她自殺了。在那前幾年，我們的大女兒死於白血病，而 Holly 很難接受它。我們的關係都因此而疏遠了，說話都得注意措詞，一切都變得不再自然：『這樣說話對嗎？』、『此刻該笑嗎？』、『我們還有權利笑嗎？』但我仍然認為我們做得還 OK，過去不再了，但我仍然認為都還 OK。我們在飯店訂了間房，為了我們的三十週年紀念日，下班後我本該在那裡跟她會合，但我還沒到，她服了過量的藥。我不知道她為什麼要這樣做，她在她的本子上說她不生氣，但我不知道她為什麼要這樣做。我崩潰了，開始酗酒和吸古柯鹼。我丟了工作──有一天，在藥效作用下過了一整夜後，我在做一個報告，我產生了幻覺，以為一個客戶是 Holly，就停下來叫她的名字。這家公司很好，他們給了我很好的遣散費，但我把那些錢都給了我的孩子們。從那時開始我就一直流落街頭，已經八年了。孩子們想把錢退回給我，但我不會要的。我晚上搭地鐵，如果夠暖和，就在長椅上睡。我看點東西，也寫點東西。我早上會去排隊領點救濟。我只是活著而已。我不是個好丈夫，不是個好父親，現在我是在贖罪。」

我再也吃不下手裡的三明治了，我放下三明治，把他的故

事讀了好多遍。

使我印象最深刻的是那些話：「此刻該笑嗎？」、「我們還有權利笑嗎？」

痛苦像深淵一樣，吸走了他們對生活的希望，最可怕的是，使他們認為自己失去了重新開始生活的權利，同時把失去女兒的痛苦，變成了指向自己的憤怒。

這個故事具備令人心碎的力量，那個老人也許現在仍然在紐約街頭流浪，但是我希望他已經不再受痛苦的束縛，不再怨恨自己，學會了重新開始自己的生活。

我們怨恨自己和他人的本質是：我們期望能夠透過怨恨，去化解自己內心的痛苦。

然而無論是憤怒，還是怨恨，都只會是一把雙面刃，它不但會傷害到他人，還會傷害到自己，並且即使對方受到了懲罰，我們也無法徹底消除這種痛苦。因為我們已經被痛苦和仇恨所主宰。

我曾經在網路上看到這樣的一則新聞，或許可以給我們一些啟發：

在伊朗有一位男孩叫巴拉勒，年僅 24 歲的他即將被送上絞刑臺。因為在七年前，這個男孩在一場街頭鬥毆中刺死了另一個和自己一樣大的男孩。七年之後，巴拉勒最終被判處了絞刑，行刑則是由當年被他刺死的那個男孩的母親來完成。

在行刑當天，巴拉勒的脖子被套上了繩索，腳下踩了一個凳子。巴拉勒的母親也在現場，她看到自己兒子站在絞刑臺上，已經崩潰倒地。

此時，當年被刺死男孩的母親只需要走上去將凳子踢開，巴拉勒的生命就將被終結，並且這是伊朗法律允許她這麼做的。

但是，這位母親走上了行刑臺之後，只是狠狠地打了巴拉勒一巴掌，然後解下了巴拉勒脖子上的繩套，轉身掩面而泣。

此時巴拉勒也開始失聲痛哭，巴拉勒的母親則跪在了被刺死男孩的母親面前，親吻這位母親的腳面，最終兩位母親相擁而泣。

當有記者問被刺死男孩的母親為什麼要原諒巴拉勒時，這位母親說：「我已經經歷過失去兒子的痛苦了，所以不想再讓另一位母親也承受這樣的痛苦。」

當我看完這則新聞之後，對這位肯寬恕殺害自己兒子凶手的母親十分敬佩，同時也十分感動。這位母親已經接受了自己兒子死亡的事實，並且學會不讓仇恨主宰自己，不再將自己的情緒投射到其他人身上，讓自己一生都陷入悲痛和怨恨之中。

佛家說：一念天堂，一念地獄。佛家還說：放下屠刀，立地成佛。

我們心中的痛苦與怨憤，又何嘗不是一把同時指向他人和自己的屠刀呢？

　　當我們不被憤怒與痛苦所控制時，我們就成為了它們的主宰者。我們的生命將變成一場真正的修行，而外界所施與的痛苦，如果沒有殺死我們，則會使我們變得更強大。

認清你唯一的壓力釋放點
——解脫那瞬間，小心被打到鼻尖

　　「我覺得生命是最重要的，所以在我心裡，沒有事情是解決不了的。不是每一個人都可以幸運地過自己理想中的生活，有房有車當然好了，沒有難道哭嗎？所以呢，我們一定要享受我們所過的生活。」

——《新不了情》

　　每一個人都有過焦慮的時光，我也是如此。曾經有一段時間，我因為種種原因陷入了深深的焦慮當中，這種感覺很難形容。

　　就像是每天都站在滾燙的鐵板上一樣，時刻感覺到自己腳下有火焰在燃燒，同時還陷入了深深的迷茫當中。雖然我每天都極力想要從迷茫中走出去，但是卻總看不清前方的路，找不到未來方向。不過好在我很快意識到了自己的問題，在做出適當的調整之後，順利地走出了焦慮。

　　每個人都會有焦慮，引起焦慮的原因也各不相同，但是進

入焦慮狀態之後，就都像是進入了一個迷宮，拚命地想要走出去，卻總是找不到出口在哪裡。其實我們被困在焦慮的迷宮當中，並不是因為迷宮有多複雜，而是因為我們無法站在一個更高的位置來看清迷宮的全貌。如果我們可以看清焦慮迷宮的全貌，走出焦慮就會變得簡單許多。

想要將自己置於一個更高的位置，我們需要明白兩件事情。

第一，我們的痛苦往往源自於對過去的執著或者對未來的失望，但是我們卻很少意識到過去是無法改變的，而未來是還沒有發生的，也是無法預測的，所以我們能夠真正控制的只有當下的此時此刻。

第二，奇蹟是存在的，英雄也是存在的，但是他們出現的機率非常低。所以我們不要將期望放在他人或者奇蹟身上，我們能夠依靠的只有自己，我們對自己的人生負責。

道理總是非常簡單，也總是非常有效的，就像「奧坎剃刀法則」說的那樣：越簡單的越有效。但是我們實際做起來卻遠沒有道理那樣簡單，並且很多人雖然明白了道理，但是依然不知道如何去做。

事實上，要對抗焦慮和壓力，只有一個方法，那就是：**Keep calm and carry on.**（保持冷靜，持續向前。）

在我的辦公室，掛著一幅海報，海報上這樣簡單的一句話。

這幅海報來頭是大大的：1939 年，第二次世界大戰如火如

荼，德國納粹席捲歐洲，當時的英國正處於風雨飄搖之中，英國政府為了安撫和激勵當時的英國民眾，一共設計了三款海報。

「**Keep calm and carry on**」，正是其中最著名的一幅。

對於處於和平年代的我們，這幅海報也有著非凡的意義。它告訴我們一個簡單的道理：堅定信念，保持冷靜，持續向前永遠是最好的路。

每個人都不喜歡失敗，都盡可能地想要避免失敗，但是失敗卻又是每個人都會經歷的，同時也是引起我們焦慮的重要原因之一。既然無法避免，那麼在我們付出了辛苦和努力之後依然獲得了失敗時，不如嘗試去擁抱失敗，慶祝自己距離成功又近了一步。因為只要用心去嘗試，總會有成功的時候。

人在一生當中會做無數件事情，其中失敗的次數將會遠大於成功的次數，不同人的成功和失敗的比例也許不太一樣，但是失敗大於成功是必然的。人生就是如此，失敗對於每一個人都是如此公平。也許我們為了完成一件事情投入了全部的精力和時間，但是最終卻得到一個失敗的結局。有的事情我們還可以重來，還可以告訴自己離成功更近了一步，而有的事情則不然。

人生中一些事情我們只有一次機會，一旦失敗就沒有重來的餘地。但是從來都不存在「完美」的人生，「不完美」是每個人的常態，也是因為如此，人生才值得我們去奮鬥。所以這樣的

失敗依然值得我們去擁抱。

當我們學會擁抱失敗之後，才會擁有繼續前行的毅力，和勇於去不斷嘗試和努力的勇氣。

同時，無論何時，我們都要保持好自己的生活節奏。

現代人的生活節奏是非常忙碌，快節奏的生活方式讓我們經常會感到自己時間完全不夠用，所以生活不規律已經成為了很多人的一種常態。

比如將本該睡覺的時間用於加班，將本來該運動的時間用於查閱文件。當中我們陷入這種狀態之後，就會感覺到自己十分的努力，十分的辛苦，感到美好的未來在自己的努力和辛苦下即將到來。但是現實往往是殘酷的，在經歷了一段這樣的時間之後，我們卻沒有看到成績，疲憊感洶湧襲來，身體狀況開始下滑，焦慮也就此產生。

無論什麼時候，身體永遠是我們最為寶貴的資產，也是經不起損失的重要資產。當我們在該睡眠的時候沒有睡眠，該運動的時候沒有運動，身體就因為這種不規律的行為出現疲憊。而在身體疲憊的狀態下，我們還要強迫自己去加班工作，這只會大大降低我們的工作效率，增加我們對工作的厭惡。因此任何時候，我們都需要記住保持規律的生活節奏。

保持生活節奏，其實非常簡單。大部分的人每天都需要八小時睡眠，需要按時吃健康的三餐，每週需要運動三次以上，

我們只需要滿足這些就可以了。時間不夠不能成為生活不規律的理由，因為時間對於每個人來說都是公平的，一天只有二十四小時。而大多數人都可以利用這二十四小時做到規律的生活，做不到的人只是因為不會管理自己的時間。

使我們感到壓力的原因有很多，但是在這些原因的背後則是有一種匱乏感在影響我們。這種感覺讓我們感覺到自己什麼都缺少，包括時間、金錢、精力、智慧、快樂等等，當我們被這種感覺籠罩時，注意力焦點就集中在我們缺乏的事物上，忽視了對周圍人的關心。此時我們心中有這樣的一個隱性思維：我自己都過不好，為什麼還要幫助其他人？

起初看上去這種思維似乎有些道理，但是當我們發現隱藏在壓力背後的匱乏感時，就會發現這種思維實際上是在加重我們的焦慮。當我們將焦點集中在自己認為匱乏的事物上時，受到焦慮情緒的影響，通常我們會無限放大這種匱乏感，從而使我們的壓力更加嚴重。

因此當我們因為壓力而感到焦慮的時候，不妨嘗試將注意力轉移到他人身上，試著去幫助他人，關心他人。當我們純粹地去幫助他人時，引起壓力和焦慮背後的匱乏感就會大大減少，焦慮情緒隨之消除。這實際上是一件「贈人玫瑰，手有餘香」的事情。

每個人的能力不同，所以幫助他人的方式也不同。

我們資助偏遠山區的孩子是一種幫助，我們給神情沮喪的陌生人一個充滿友好的微笑也是一種幫助。幫助的方式各不相同，但相同的都是我們透過自己的力量讓他人感受到了美好，同時也幫助我們自己告別了焦慮。

第 5 章
感知與覺醒：勇氣是內在能量的源泉

尊嚴是自己給自己的，
自尊的人才有被尊重的可能

「沒有自我尊重，就沒有道德的純潔性和豐富的個性精神！對自身的尊重、榮譽感、自豪感、自尊心，這是一塊磨練細膩的感情的礪石。」

—— 蘇霍姆林斯基（Vasyl Sukhomlynsky）

有一個小男孩非常喜歡小提琴，但是他的家庭太貧窮了，小男孩自己也知道，所以只是喜歡，但從來沒有向父母有過任何要求。不過最終，父母節衣縮食買了一把小提琴給他，小男孩非常高興，每天都認真練習。

數年之後，當時的小男孩已經成為了年輕人。雖然他的小提琴水準非常不錯，但是畢竟沒有經過正式學習，他已經到了一個瓶頸，無法突破。正巧此時年輕人得知一個消息：在遙遠的另一個城市，一所著名的音樂學院正在招生，並且對一些資質非常優秀的學生免收學費。

這對於一直飽受貧困困擾的年輕人來說，無疑是個好消息。

於是年輕人四處籌集旅費，然後帶上自己破舊的小提琴就

去了那所音樂學院所在的城市。在面試考試時，年輕人因為太過緊張，導致自己的水準沒有發揮出來，最終音樂學院拒絕了他免費入學的請求，只是給他進學院學習的資格。

年輕人非常傷心，因為他連回家的旅費都沒有，更不用說高昂的學費了。

傷心的年輕人走出學院，在離校門口不遠的一個地方拿出了自己的小提琴，將琴盒放在自己的面前，然後開始演奏，他需要替自己籌集回家的旅費。

他就那樣站在原地，演奏了一首又一首曲子，旁邊圍觀的人也越來越多，不斷有人往他的琴盒裡放錢。

這時，有一個穿著非常闊氣的富人走到年輕人的面前，粗魯地打斷了他的演奏，用非常高傲的口吻問年輕人從哪裡來的，為什麼在這裡演奏。

年輕人不卑不亢地回答了對方的問題，富人似乎對年輕人回答問題的態度有些不滿，於是就從錢包裡拿出了一張大額鈔票，扔在了年輕人的面前。

年輕人彎腰把鈔票撿起來，平靜地對富人說：「先生，你的錢掉了。」然後就將錢還給了富人。

然而，富人接過錢之後再次扔到了地上，然後傲慢地對年輕人說：「這是我給你的錢，現在已經是你的了。」

年輕人依然平靜地說：「非常感謝先生您對我的資助。剛才

您的錢掉了，我幫您撿了起來，現在我的錢掉了，麻煩您也幫我撿起來吧。」

富人聽到年輕人的話非常震驚，他呆呆地看了年輕人一會，然後收起了自己的傲慢，將地上的錢撿了起來，放到了年輕人的琴盒裡，然後對年輕人說：「你是一個值得尊重的人。」說完，富人轉身離去。

這是從人群中又走出一個人，年輕人仔細一看，發現這個人正是之前自己在音樂學院考試的主考官。

這位主考官走到年輕人的面前，對他說：「我想剛才你演奏的水準才是你真正的水準，下午還有一場考試，你可以再來嘗試一下。」

事實上，雖然音樂學院的主考官聽了年輕人的演奏之後就知道，早上他是發揮失常了，但是當時主考官並沒有想再給他一次機會的想法。

然而，當他看到年輕人儘管如此貧窮，卻依然能夠保持自尊，在傲慢的富人面前不卑不亢地維護了自己的尊嚴，主考官明白：這不是一個普通的年輕人，他一定會有出息的。

最終，年輕人在第二次考試時不再緊張，發揮了自己應有的水準，成功獲得了免費入學的資格。最後他成為了一個很有名氣的音樂家。

尊嚴，永遠是我們自己給自己的，也只有一個自尊的人才

能獲得他人的尊重。原因很簡單，如果一個人對自己都不夠尊重，那他人又有什麼必要去尊重他呢？

現實生活中，我們每個人都希望能夠得到他人的尊重，但是事情的發展往往和我們預想的有差異。也許我們的某些言行被他人所誤解；也許我們無意間的確做錯了一些事；也許我們遇到了不如意，跌入了人生的谷底；又或者我們什麼都沒有做，但就是會有人以各種理由蔑視我們，想要在心理上將我們擊垮。

面對這些輕視，大多數人的做法是正面反擊、針鋒相對，直接去攻擊對方；有些人也會選擇忍氣吞聲，不與他人爭執；而極少部分人則會採取自暴自棄的態度，完全不在乎他人對自己的態度。

然而，無論我們選擇這三種做法中的哪一種，事實上都不會讓我們獲得對方的尊重。

正面反擊，和他人針鋒相對，只會激化雙方的對立，引發更激烈的衝突；選擇忍氣吞聲不與他人爭執，也只會讓對方更加輕視我們；而如果我們選擇自暴自棄，也許他人以後就不會再輕視我們了，因為別人根本不願意和我們再進行任何交流。

所以當面對輕視的時候，也許我們可以像那位拉小提琴的年輕人一樣，從容面對他人的輕視，以不卑不亢的態度和行為來維護自己尊嚴，向他人展示出你的自尊，只有這樣，你才可能獲得他人的尊重。

　　人生有時就是很無奈，命運有時像一個調皮的孩子，總喜歡捉弄我們一下，對我們製造各式各樣的困難。這是誰也無法控制也無法改變的。也許命運讓我們變得一無所有，也許命運讓我們苦難纏身，甚至命運能隨意奪走我們生命，但是有一樣東西是命運無法奪走的，這就是我們的自尊。

　　面對人生的無奈，有人總是可以心平氣和的從容面對，無論面對什麼永遠是不卑不亢，始終維護自己的尊嚴，這是一種難能可貴的精神境界，也是一種崇高的精神境界，這樣的人，才是無論在什麼情況下都能夠得到他人尊重的人，也是值得他人尊重的人，只因為他們尊重自己，擁有自尊。

和壞習慣揮別：
你曾經帶給我好處，但是現在你該離開了

　　「你還有別的事情要做嗎？現在你的人生空虛到找不出別的事情要做嗎？或者說，你是否對權威的製造者們十分尊重和信任？你讀的東西是不是你所想讀的？你所思考的東西是不是你真正想思考的？買的是不是你當初一開始想買的？別宅在家裡了，去見見和你不同性別的人。別再瘋狂購物，別再手淫了。停下你手中的工作，開始屬於你自己的人生，證明你自己是一個活生生的人。」

　　　　　　　　　　　　　　　　——《鬥陣俱樂部》（Fight Club）

玲玲在一家公司裡從事行政工作。在上學時，玲玲就養成了做什麼事情都要拖延的習慣，雖然這種習慣曾經給自己帶來無數次麻煩，讓她立下的很多目標都無法實現，可是她就是改不了這個習慣。

比如週一的早晨，部門主管就要她寫一份調查報告，要求在週五下午公司開例會之前交給他。

這項工作並不複雜，主管給的時間也是非常充裕的，玲玲願意的話，只需要每天抽出半小時到一小時的時間，專心致志地工作，週五前就必然能夠完成。可是，此時玲玲的拖延症又犯了。

週一週二，玲玲認為時間還非常多，不用著急。

週三，玲玲準備開始做這項工作，不過打開電腦檔案剛寫了幾十個字，就又開始瀏覽網頁，之後又和朋友在通訊軟體上聊天。就這樣，週三就過去了。

週四，玲玲早上下定決心：今天要好好開始著手這項工作！不然明天怕完成不了。

於是剛到辦公室，玲玲就打開電腦開始工作，不過工作沒有超過十分鐘，玲玲突然想起來，自己的信用卡帳單應該出來了，於是她又放下工作，到電子郵件信箱檢視信用卡帳單。看完帳單再檢視帳單明細，然後到信用卡官網檢視自己的紅利點數，之後開始逛兌點網站，想要將自己的點數都用掉。

　　當玲玲終於千挑萬選找到合適的兌換商品、用掉紅利點數時，一個上午已經過去了，她的工作還是毫無進展。

　　而下午剛好碰上部門開會，玲玲又沒有完成工作。就這樣，工作一直拖到了週五上午。

　　到了週五上午，玲玲真正開始感覺到時間緊迫了，因為下午四點就要開公司例會。這時玲玲才真正開始著手這項工作，在鍵盤上劈里啪啦地敲個不停，期間連上廁所都是一路小跑著去，同時她還要處理臨時的一些工作，整個早上可以說是忙得不可開交。

　　結果到了中午時間，玲玲的工作還差一大截，於是她只好請同事幫忙買午餐，自己一直在辦公室裡加班。就這樣，玲玲快趕慢趕，終於在公司例會開始之前將調查報告完成了。

　　玲玲的主管看到了玲玲中午在公司加班、忙得顧不上吃飯的事情，下午開會時特地表揚了玲玲。

　　但是只有玲玲自己知道自己如此忙碌的原因，然後第 N 次下決心要改掉這個習慣。

　　每個人都有一些壞習慣，雖然我們都知道這些壞習慣將會為我們帶來不好的結果，但是卻很難改正這些壞習慣。為什麼？只是因為慣性嗎？表面上看起來似乎是這個原因，但是我們深究之後就會發現，這個答案非常表面化，而真實的原因是：我們和壞習慣和諧相處，是因為我們都曾經從壞習慣中受益。

實際上，在此之前，玲玲還有無數次和這次類似的經歷，主管和周圍的同事也不只一次地看到過她加班，從而對她讚揚有加，這種讚揚就成了拖延的獎勵。雖然玲玲自己可能沒有意識到，但是從她多次想要改變而沒有改變，就可以看出來這種獎勵強化了她的拖延習慣。

想要徹底擺脫壞習慣，我們先要了解習慣是怎麼養成的：

當我們的某種行為獲得好處後，這種行為就被強化了一次。不過一次的強化是無法形成習慣的，如果在此之後，這種行為又多次地獲得好處，得到了多次強化，這時我們就會形成了習慣。

一旦習慣形成，即使偶爾一次沒有獲益，我們也不可能立刻改變行為。而隨著獲益強化次數的增加，習慣也就更加的牢固，也就更加的難以更改。

這樣聽起來，習慣的養成有些類似於條件反射，事實也正是如此。

每個人都知道自己身上有壞習慣，每個人都想要改變身上的壞習慣。如何改變自己，我在前面的內容提到過，所以這裡不再討論。這裡我們需要討論的是：當我們拋開壞習慣之後，應該怎麼做。

實際上如果我們只是拋開壞習慣，這還並不意味著最終的勝利。因為我們沒有建立一個好習慣來替代壞習慣，那麼壞習

慣就像是一個充滿了誘惑的蘋果一樣，不斷地引誘我們重蹈覆轍。所以在拋開壞習慣之後，我們首先要做的，就是建立一個替代過去壞習慣的好習慣。

用一個截然相反的新習慣，來替代過去的舊習慣，絕對不是一件容易的事，所以我們需要用一些策略來完成這一步驟。

★策略一：從簡單的事情做起

在養成新習慣的開始階段，我們不用給自己太大的壓力，希望能夠一次就養成好的習慣。

心理學研究證明，在習慣的維持過程中並不需要多少自律的參與，但是在習慣養成階段，自律卻會發揮重要的作用。而自律與體力和精力一樣都是限度的，所以我們在養成新習慣時無法「一步到位」，因為我們的自律不足，所以要循序漸進。

★策略二：每天完成一件自己承諾的事情

我們大多數人都經常會對自己做出承諾，但是真正實現的又有多少呢？

答案是很少。這些承諾不可能在短時間內都完成，但是我們可以逐一去實現，每天都選擇一件自己曾經承諾過的事情去做，當承諾實現之後，產生的喜悅之情就是對我們信守承諾的強化。如此往復，我們遵守對自己的承諾就會形成一種習慣，這有助於我們新習慣的建立。

★策略三：不要同時讓自己養成多個習慣

無論好習慣還是壞習慣的養成，都需要一個過程，同時需要我們的自律參與。所以不要試圖短時間內養成多個好習慣。當一個好習慣經過多次強化，已經足夠穩定之後，我們再去培養下一個習慣。同時養成多個習慣只會讓我們最終毫無結果。

只有當我們建立了一個好習慣代替過去的壞習慣，我們才真正地算是和壞習慣揮別。只拋開舊有的習慣而不建立新習慣，那麼我們很可能只是和舊習慣「小別」。

「喜歡」是一個甜蜜的陷阱：別讓「喜歡、不喜歡」迷惑你的心智

「謊言會包含真理？帶著假面具的真理是謊言？真理和謊言，生命和死亡，只是一個黑白變換的遊戲。充滿愛的沉默不比阿諛奉承更寶貴嗎？」

—— 《沉默之丘 3：莎士比亞之謎》
（Silent Hill 3: Shakespeare Anthology puzzle）

有一天，我剛上國中的小姪子打電話給我，向我求問一個謎題。

他說：「我正在玩電玩遊戲，遊戲裡向我出了一個謎語。謎語是這樣的：『謊言會包含真理？帶著假面具的真理是謊言？

真理和謊言，生命和死亡，只是一個黑白變換的遊戲。充滿愛的沉默不比阿諛奉承更寶貴嗎？』謎語的謎底應該是莎士比亞（William Shakespeare）的一齣戲劇。」

我說：「這個謎語寫得很有意思啊，充滿愛的沉默不比阿諛奉承更寶貴嗎？嗯……這齣戲劇應該是《李爾王》（*King Lear*）。」

過一會，小侄子跟我說：「沒錯，就是這個。不過我很好奇，《李爾王》到底講了什麼故事啊？我覺得這個謎語非常有哲理的樣子。」

於是我簡短向他講了講李爾王的故事：

《李爾王》是英國歷史上最傑出的劇作家莎士比亞的代表作品，也是莎士比亞創作的四大經典悲劇之一。

《李爾王》的主角是年老的古代不列顛國王李爾，故事的開始，李爾王已經年老昏聵，他想要將自己的土地分給三個女兒，但不是平均分配，而是按照每個女兒愛自己的程度來決定獲得土地的多少。

李爾王的大女兒和二女兒為了獲得更多的土地封賞，費盡心機的去讚美李爾王，讓李爾王認為自己才是最愛他的。只有李爾王的小女兒沒有這麼做，因為她對父親李爾王的感情是最樸實、最誠實的，因此她也就用了最樸實的話語來表達自己對父親李爾王的愛戴。

　　和大女兒、二女兒的甜蜜讚美相比，小女兒的話實在太平淡了。李爾王只愛那些無比甜蜜的讚美，不喜歡樸實無華的表達。所以李爾王怒斥了小女兒，並且將她驅離了宮廷，遠嫁到法國，讓自己的大女兒和二女兒兩人平分自己的土地。

　　當李爾王的大女兒和二女兒獲得土地封賞之後，兩個人馬上露出了本來的面目，對李爾王開始百般怠慢和折磨，並且最終將李爾王趕出了宮廷。這時，李爾王終於意識到自己當初是多麼愚蠢，但是一切為時已晚。就在李爾王感到非常痛苦的時候，一個陌生人來到了他的面前，李爾王就將自己所經歷的一切都告訴了這個陌生人，並且告訴陌生人自己非常後悔當初誤解了小女兒，但是一切都已經晚了，自己那樣對待小女兒，她肯定不會原諒自己的。

　　這時陌生人對李爾王說他的小女兒從沒怨恨過他，小女兒對他的愛戴也從沒有改變過。原來這個陌生人就是李爾王的小女兒，當初父親將她遠嫁法國，自己的真誠得到了法國國王的欣賞，於是她便成為了法國的王后。當得知父親的遭遇之後，李爾王的小女兒非常擔心父親，於是化妝之後四處尋找自己的父親，並且準備帶領軍隊要討伐英國。

　　最終，英法軍隊在交戰之後法軍戰敗，李爾王的小女兒被英軍俘虜。對方宣布要處死李爾王和他的小女兒，雖然李爾王殺死了想要暗殺自己小女兒的凶手，但是一切已經太晚，小女

兒還是死了。

李爾王終於明白自己當初的過錯已經無法挽回，最後鬱鬱而終。

這是一個是看完讓人無比傷感的戲劇，而造成悲劇的原因就是因為一個人被自己的「喜歡和不喜歡」迷惑了心智，然後做出了錯誤的選擇。

我對小侄子說：「李爾王的遭遇是一個不折不扣的悲劇，但是這個悲劇是由他自己一手造成。他喜歡大女兒和二女兒的花言巧語，不喜歡小女兒的誠實質樸。於是李爾王錯誤的將小女兒遠嫁法國，才一手造成了最後的悲劇。這一切都是因為李爾王被自己的『喜歡和不喜歡』迷惑了心智，才做出錯誤的選擇。」

小侄子聽完之後，沉默了一會跟我說：「李爾王一開始的選擇可以理解，誰都喜歡聽好聽的話嘛！」

我說：「可是，如果我們只用自己的喜好去做判斷，那麼難免別人就會迎合我們的喜好，來利用我們啊！就算別人不利用我們的喜好，我們的喜好也是充滿偏見的啊！」

我們每個人都有獨立的思考能力，這種能力讓我們對人和事情有自己的主觀判斷，之後我們就會基於這種判斷來做出自己是否喜歡一個人或一件事情。

這時我們就會發現自己的「喜歡」與「不喜歡」，更大程度是

受到我們主觀意識的影響，而並不是基於理性判斷。因此，很多時候我們的心智就會被這種主觀判斷所迷惑，從而做出錯誤的決定。

我曾經問過周圍的朋友一個問題：「你是否曾經因為自己主觀判斷喜不喜歡一個人或者一件事情，然後為此付出了代價？」

所有朋友聽完我這個問題之後略微思考一下，都給出了肯定的答案。

在還是孩童的時候，我們很多人喜歡看電視、喜歡玩遊戲、喜歡四處閒逛⋯⋯同時我們不喜歡上學、不喜歡吃蔬菜、不喜歡按時睡覺⋯⋯

雖然那時的我們有自己的喜歡和不喜歡，但是也有父母的約束和管教，所以我們依然要上學、要吃蔬菜、要按時睡覺⋯⋯去做那些自己並不喜歡的事情，而不是一天到晚看電視、玩遊戲、四處閒逛⋯⋯

當我們成年之後再回頭看這些時，就會慶幸當時有父母約束和管教，沒有讓我們完全按照自己的喜歡和不喜歡去做事。

所以現在我們才能擁有一個好的身體，在社會上有自己的立足之地。假如小時候我們完全按照自己的喜好來做事，那麼如今一定又是另一個結果了，並且我相信這個結果一定是悲劇的，就像是李爾王那樣。

而從另一個角度來看，我們可以將世界看成是一個龐大的

系統，而我們每個人都是這個系統中的一部分，沒有人能夠游離於這個系統之外獨立存在。這就導致我們的每一個行為都並不只對自己產生影響，還會對系統中和我們相關聯的其他人產生影響。

人和人之間有時是很奇怪的，有時我們明明對一個人沒有任何了解，但是初次見面就會不喜歡對方。

為什麼我們會在初次見面就會不喜歡對方？這個理由很難說清楚。但是可以確定的是：此時我們的不喜歡完全是受到主觀意識愛憎的控制。

因為我們不喜歡對方，所以我們就會用不友好的態度來對待對方，或者盡可能的遠離對方。然而人際關係是相互的，當我們以不友好的態度對待一個人時，對方自然也會同樣用不友好的態度來對待我們。

此時我們的主觀愛憎就等於為我們樹立了一個敵人，這將嚴重影響我們的人際關係。

只有當我們學會摒棄自己「喜歡、不喜歡」，開始用客觀理智的態度來看待周圍的人和事情，用包容的態度和所有人去相處，我們才能夠擁有良好的人際關係。

一個人的心胸越是開闊，他與其他人的關係就越好，他受到的限制也就更小，他的世界也更開闊。

有句古話叫做「無欲則剛」，當我們內心用愛做我們衡量世

界的標準時，其實這時的我們是狹隘且虛弱的，限制我們的是我們內心的主觀意識。當我們不再受自己主觀愛憎的束縛，這時的我們是更自由，也更強大。

做自己的安撫者：照顧我們內在的小孩

「人心其實很脆弱，所以我們要經常哄哄它，經常把手放在心臟旁，對自己說：平安無事，平安無事，平安無事……」

——《三個傻瓜》（*3 Idiots*）

每個人都經歷過童年，在童年時期，我們對世界的了解還非常有限，所以無法獨立對事物產生自己的看法，此時父母就成為我們的老師。在父母的長期影響下，我們則會形成一種固定的思維。這種固定思維一旦形成之後，即使我們長大成人也無法改變，它時刻在影響我們的思想和行為，這就是內在的小孩。

而如果童年時期我們內在的小孩受了傷，這種傷痛也將會持久影響我們，不會隨著我們年齡的增長而消失。在它的影響下，有時我們會做出一些事後感到萬分後悔的事情，但是等我們意識到犯下錯誤時已經晚了。

在美劇《紙牌屋》（*House of Cards*）中有一個角色叫彼得．羅素（Peter Russo）。他年紀輕輕就成為了眾議員，並且還將參

選賓夕法尼亞州州長，可以說是年輕有為。然而就是這樣看上去年輕有為的人卻屢次酗酒、吸毒、召妓，並且在最為關鍵的時刻放縱自己，最終讓自己的前途盡毀。

很多觀眾對此十分不理解，為什麼這樣一個年輕有為的人會屢次自毀前途呢？

電視劇中給出了答案。

在電視劇中有一個情節是彼得‧羅素去醫院看望他的母親。彼得‧羅素非常興奮地告訴母親，自己將要參加賓夕法尼亞州州長競選了，而明天自己將會向選區的人宣布一項計畫，這項計畫能夠提高就業率，從而讓他們支持自己競選州長。

然而母親的反應卻是一臉厭煩地說：「這些事情我一竅不通，我聽不懂。」

彼得告訴母親她可以從新聞上得知這一消息，自己只是想先告訴她。

然而母親依然冷漠地回答他：「我早不看新聞了，全是垃圾。」

彼得接著問母親是否想看自己兩個孩子的照片，母親對此的回答是：「太暗了，看不清楚。」

彼得告訴母親，照片是在自己的手機裡，說著便準備將手機放在母親眼前，然而母親卻一把將手機推開，然後對彼得大吼說：「拿遠點，我討厭那些東西，會致癌。」

　　從這個情節中，我們可以看出彼得非常孝順自己的母親，可惜的是，他有一個糟糕的母親，並且我們不難判斷出他有一個糟糕的家庭。

　　這一切都讓彼得的內在小孩非常痛苦，並且這種痛苦轉化成了憤怒。但是彼得是一個孝順的孩子，他無法將憤怒發洩在母親身上，所以他選擇了將憤怒發洩在自己身上，雖然他自己並沒有意識到。

　　最後造成的結果就是無論彼得的事業有多麼成功，他都無法停止酗酒、吸毒、召妓。因為他已經陷入了自毀狀態，內在的小孩要他一次次的毀滅自己，最終獲得了成功。

　　憤怒來自於恐懼，憤怒也讓我們失去了理智。於是我們便將自己完全交給內在的小孩去支配。

　　每個人都希望自己的童年可以無憂無慮的度過，但有時命運就喜歡和我們開玩笑，讓我們在童年時遭受各式各樣的磨難。這些磨難讓我們內在的小孩受了傷，從而潛藏在內心深處獨自哭泣。

　　我們曾經一度以為長大之後這一切就都過去了，但是事實並不是如此，那個在我們體內受了傷的小孩，無時無刻不在影響我們。

　　我們其實知道他的存在，但是我們懼怕他，不斷的打壓他，假裝他不存在，這些都是為了不讓他能夠重見天日。然而

隨著時間的推移，內在小孩的能量越來越大，最終讓我們的心理防線徹底崩潰，然後在內在小孩的影響下做出一些錯誤的事情。

就像影集中的彼得・羅素，雖然他是一個非常有潛力的人，同時也是一個好人，但是在母親的影響下，他總是在自毀前程。看過該劇的人可能會認為彼得的毀滅是因為有人陷害他。但是實際上他的毀滅和陷害無關，和壓力無關，和自制力也無關，他的毀滅只是因為在內在小孩的影響下，他陷入了自毀狀態。

我們因為懼怕和不承認內在小孩，所以他一直潛藏在我們內心的陰暗處，始終對周圍的一切保持高度警惕，不斷產出負面情緒來影響我們。所以，想要改變這種情況，我們首先要做的就是連結自己的內在小孩，不要再懼怕他，最重要的是，我們要承認他的存在。

當我們與內在小孩建立一種良好的關係後，我們就成為了自己的最佳安撫者，我們內在的小孩才能得到療癒，繼而走出陰影，不再一個人在黑暗中哭泣。

第 *6* 章
順應與接納：深層智慧的啟示

▌接受自我，接納萬事萬物

「請充分地利用你的感官。定靜在原處，環顧四周，但是看看就可以了，不要去做任何的分析與解釋。觀察一些光線、形狀、顏色、質感等。關注每個東西寧靜的臨在，關注那個容許所有事物存在的空間。傾聽聲音，但不要去判斷它。聆聽聲音之下的寧靜。觸摸一些東西，任何東西，並感覺和認可它們的存在。觀察你呼吸的節奏，感覺空氣的流入流出，感覺在你體內的生命的能量。允許外在和內在所有事物的發生，接受萬物的『本來面目』，深深地邁進當下時刻。」

—— 艾克哈特・托勒（Eckhart Tolle），
《當下的力量》（*The Power of Now*）

我在社群平臺看到了一首關於接納的詩，我覺得寫得非常好，在這裡分享給大家。

看見／胡榭華

我看見你的冷漠
卻想去溫暖這個冷漠
我看到

其實我還沒接納你的冷漠

我看見你的痛苦

卻想去結束這個痛苦

我看到

其實我並沒有陪伴你的痛苦

我看見你的自私

卻去評判你的自私

我看到

其實真正湧動的是我的自私

我看見你的憤怒

卻想躲開你的憤怒

我看到

其實我沒有允許你可以憤怒

我看見你的焦慮

卻去擔心你的焦慮

我看到

其實我已開始陷入焦慮

我看見你的無力

卻不知道要伸哪隻手來抱你

我看到

其實當下我也無力

我看見你的美麗

並欣賞著你的美麗

我看到

當下我也開始美麗

這首詩寫的就是接納的智慧。我們不願意接納別人，不願意接納別人的情緒和行為，實際上是我們不能放棄自己的控制，只有學會真正的接納，我們才能根除掉自己的控制欲。

只有當我們對一件事情無法接納的時候，我們才想要去控制事情的發展。如果我們已經能夠接納萬事萬物，那麼就不需要控制任何事情的發展了。

我們很多人都對自己或者周圍的一切有著這樣那樣的不滿，所以就想要控制這些讓我們不滿的事情，以便使其能夠回到我們所希望的發展軌道。但是很多事情我們越想控制卻越糟糕，對我們的影響就越大，問題就此產生。

比如當我們的至親之人身患絕症的時候，這件事情就是我們無法接受的。所以我們會想盡一切辦法去試圖改變事情的發展。

但是生老病死這是自然規律，無論我們如何努力，都無法影響其發展，所以當我們意識到自己的努力毫無作用時，就會陷入無盡的痛苦之中，同時對自己產生懷疑。

而當我們失去親人之後，痛苦再次襲來，這也是我們無法控制的。因為無論我們如何壓制自己的情緒，這種痛苦都始終在我們內心深處，始終影響著我們，並且有可能導致一些不理

智的行為發生。

　　有一位作家說過這樣一段話：「人的一生中有兩個生日，一個是自己誕生的日子，一個是真正理解自己的日子。」

　　人最難理解的總是自己，很多時候，我們做出了一個又一個的錯誤選擇，但是在事後回想之時，雖然意識到這是錯誤的選擇，但是卻不知道究竟是為什麼。但是理解自己又是一件非常簡單的事情，它很可能在一個不經意的時候就發生了，我們突然能夠理解了自己，能夠發現自己的一些局限性。

　　我的一個朋友曾經告訴我，她知道自己是一個非常缺乏安全感的人，無論當下擁有什麼，內心總是充滿了擔憂，擔憂自己失去現在擁有的。這種不安全感讓她每天都生活在驚恐中，但是她卻不知道為什麼。

　　雖然如今科技水準已經到了一個人人都無法理解的境地，但是從某種角度來看，其實人類的力量還是非常有限的，有太多的事情是我們無法控制的。

　　有一個男孩患有嚴重的神經官能症，展現在當他和女孩說話就會感到非常的緊張，所以他希望控制自己不緊張，於是每次和女孩說話的時候，他都不斷的提醒自己不要緊張。結果呢？在男孩的極力控制下，他確實改變了事情的發展 —— 在女孩面前，他的緊張更加嚴重了，最後已經到了無法正常和女孩交流的地步。

有時，我們越是不願意接納，結果就越背道而馳。

再比如父母和孩子。很多父母都擁有非常強烈的控制欲，這種控制欲通常都源自於對孩子的愛，父母越愛孩子就越想控制孩子的一切，卻不知道這種做法只會讓雙方之間的關係越來越糟。

對於所有父母來說，孩子青春期的叛逆都是一個非常頭痛的問題。而一些父母對此應對的策略就是高壓政策，孩子越叛逆，就控制得越嚴厲，而叛逆期孩子的特點是父母越想控制，他們就越想要掙脫父母的控制。

事實上這個特點是人類的共同點，每個人都是獨立的個體，沒有人心甘情願被他人控制，而孩子在青春期時這個特點更加的明顯。最終，父母和孩子就陷入了一個惡性循環當中 —— 孩子不聽話，父母加大控制力度，孩子更加不聽話，父母再加大控制力度……最終的結果多半就是孩子徹底地失去控制，成為一個實至名歸的「問題孩子」。

有時我們的不接納，是不接納自己，不接納自己的普通，不接納自己的弱小。

一個身體非常強壯的人，並且還學習過武術，平時向周圍人一直展示的都是硬漢形象。因此他多次見義勇為，遇到不平之事就上去干預，而大多數時候其他人看到他健壯的身體就灰頭土臉地跑了。

　　一次這個人坐客運去外地遊玩，結果在高速公路不小心發生了車禍。車輛在高速行駛的狀態下撞向了路邊的護欄，之後發生了側翻，幸運的是人沒有受重傷。

　　大家互相攙扶著從車裡爬出來，有的人愁眉苦臉，有的人嚇哭了，但是當這個平時看上去非常勇敢堅強的硬漢從車裡爬出來之後，看著幾乎報廢的車子，瞬間就崩潰了。他比任何人都崩潰得厲害。

　　原來這位硬漢小時候是個非常膽怯的孩子，學習武術、健身，讓身體變得非常強壯，都是為了讓自己變得強大，並且他總是刻意地表現出非常勇敢。

　　「我不再膽怯，因為我很強大。」他這麼告訴自己。

　　但是當他從車禍中倖存下來，看到幾乎報廢的車子後，他突然意識到自己鍛鍊身體也沒辦法防止人生中有些災難的發生，他仍然非常膽怯、非常害怕時，他的強大幻想被擊破了，於是他就徹底崩潰了。

　　在二戰時期，納粹在審問戰俘的時候也利用了這種心理，所以納粹審訊官們總是喜歡挑選那些看上去非常強壯的戰俘，作為重要的突破關鍵來審訊。當這些看似強壯的戰俘在刑訊手段面前，發現自己的肌肉完全沒有任何用處的時候，更容易崩潰然後招供。

　　相比較之下，女性戰俘則更不容易開口。因為她們在自己

過往的人生中已經充分理解，或者說「接納」自己身為女性、身為普通人類的軟弱和局限之處，這種接納反而使她們強大。

我舉的所有例子的結果都與控制者的初衷大相逕庭，控制欲只會讓事情越來越糟，而沒有讓事情朝著我們想的方向發展。

上面提到的那個與女孩交談就會緊張的男孩，之所以他會緊張，就是因為他無法接納自己和女孩交談時候的表現，他想要控制交談的過程。如果男孩能夠接納自己的表現，不再去注意自己的緊張，那麼隨著交談次數的增多，緊張就會自然而然的消失。

而父母面對叛逆期的孩子時，只有先接納孩子的躁動和不安，了解到這只是孩子人生的一個必要階段，之後才能走進孩子的內心，了解他們想要的是什麼，最後再引導孩子建立正確的各種觀念。

而那個身體強壯，但是卻非常膽小的男人，一味地控制自己，強迫自己變勇敢，只會讓自己在發現自己原來還是十分膽小脆弱的時候崩潰。如果他能夠學會首先接納自己的不完美，接納自己的膽小，然後在接納的基礎上再進行改變，一步步讓自己變得堅強和勇敢，那麼結果會不會變得更好一點？

臣服帶來的奇蹟

「任何被你完全接受的事情將會把你帶進寧靜狀態。這就是
臣服的奇蹟。」

—— 艾克哈特·托勒,《當下的力量》

電影《鬥陣俱樂部》(*Fight Club*) 中有這樣一句話:「Losing
all hope was freedom.」(徹底絕望意味著自由。)

這句話,其實講的是臣服的智慧。

我們很多人都被一些過去的事情所困擾。這些事情雖然已
經發生過了,但是它從沒有結束,而是時不時地就出現在我們
的腦海中,然後想像當時如果自己這麼做就好了,或者如果當
時自己這麼說就好了。

此時我們就如同電影導演一樣,在頭腦中拍攝一部關於困
擾我們這件事情的電影,只不過我們會多拍攝出幾個結局,然
後在頭腦中不斷的重播。

於是我們總是沉迷在自己對於過去事情的幻想之中。然而
過去已經過去,我們沒有操控時間的能力,無法改變事情的結
局。所以無論我們是憤怒也好,抱怨也罷,這些對過去都無任
何作用,反而會增加當下的負面情緒。當我們負面情緒過多的
時候,就更容易吸引那些糟糕的事情上門,讓我們的情緒變得
更加糟糕。

我遇到過無數因為過去而痛苦不堪的人。總有些人或者事情是我們不願意遇到、不願意經歷的，但是我們無法控制這一切，所以我們感到失望、感到憤怒、感到痛苦。

經常有人會向我傾訴過去的這些故事，當他們傾訴完之後就會問我：「我應該如何面對這些事情？」

通常我就會告訴那些問我問題的人：「接納過去，透過接納的方式學會臣服。」

就這麼簡單，這也是唯一的方法。

可能有人會想：這些事情讓我痛苦無比，我怎麼可能接納？

但是，如果我們不去接納，我們又能做什麼呢？

我們很多的觀念都源自從小接受的教育。一直以來，我們都用這種觀念作為自己的衡量標準，然而有時候這些觀念卻並不一定是正確的。

有一個女孩曾透過朋友的介紹找到我，然後對我說自己現在非常痛苦，而痛苦的原因則是自己總是很悲觀，完全沒有理由的悲觀。從小她接受的教育是要做一個快樂的人，只有快樂的人才是幸福的，總是悲觀面對生活的人是不好的，未來將會一事無成。

女孩知道這些，所以她就想要改變，和自己進行對抗，努力讓自己變成一個樂觀開朗的人，似乎只有樂觀開朗的人才是一個正常人。

　　然而最終她失敗了，無論這個女孩如何努力，她就是無法做到讓自己快樂起來。並且強行想要改變自己卻無果的經歷，反而讓她變得更加悲觀，導致這位女孩在很長一段時間裡，都無法面對真實的自己。

　　我想大多數人此時以為我會開導這個女孩，但是我沒有。

　　我告訴這個女孩：「你的痛苦是因為你認為自己悲觀是不好的，而不是因為悲觀本身。既然你已經嘗試過改變卻沒有成功，為什麼不接受自己就是一個以悲觀為常態的人呢？也許你接受了這一點，反而就不再感到痛苦。」

　　我並不是說以悲觀為常態是好的，是正確的。但是人無完人，很多時候我們的痛苦就來自於無法接納不完美的自己，只有當我學會接納不完美的自己，學會臣服，才能化解這些。

　　我可以和大家分享自己的一個經驗，那就是將過去那些讓自己感到痛苦的事情，看做是必須經歷的，同時也是可能為我們帶來轉機的事情。

　　也許剛開始我們只能強迫自己接受這一觀點，因為我們看不到轉機究竟在哪裡。但是可能一段時間之後，轉機就在不經意間出現了。這時我們將感覺自己從過去的陰影中走了出來，變得更加自由了。

　　有一個單身母親一直和自己的女兒生活。從女兒小時候起，這位母親就對女兒有著十分嚴格的要求。她規定出去玩只

能和誰玩，規定出去每隔多久時間必須打一通電話向媽媽報告情況，規定每天必須準點按時回家⋯⋯總之，她要隨時掌握女兒的一切，讓女兒按照自己為她規劃好的人生道路前進。

　　就這樣，這位母親的女兒成為了一個乖乖女，凡事都聽從母親的話，認真學習，從不和母親不允許的人接觸。然而這種情況，到了女兒上高二的那年，徹底發生了改變。

　　一次這位母親幫女兒收拾房間，在整理書桌時，從女兒的一本書中掉出來一封信。這位母親打開信一看，竟然是一位男同學寫給女兒的情書。這位母親感到相當憤怒，她不敢相信自己的女兒居然還將這樣的信留存著。

　　當女兒放學回家後，這位母親立刻開始質問女兒，這封信是誰寫給她的，為什麼不告訴自己反而留存著，寫信的人家裡電話是多少，自己要和對方的家長溝通一下。女兒看到怒氣沖沖的母親和她手中拿著的那封信，有些不知所措，只是站在原地一句話也不說。母親看到女兒一句話都不說就更加憤怒了，憤怒讓她失去了理智，於是這位母親朝著女兒的臉狠狠地打了一巴掌，並且當著女兒的面將信撕碎，然後扔到了垃圾桶裡。

　　此時的女兒完全驚呆了，她摀著被打的臉，不明白這究竟是為什麼，一種前所未有的感覺出現在心頭，之後這位從小聽話的女兒冷冷地看了自己的母親一眼，然後轉身離開了家門，完全不理會在背後大吼的母親。

　　兩個星期之後，這位絕望的母親找到了心理醫生。

　　她向心理醫生訴說，這兩個星期對於她來說是一種煎熬。自從和女兒因為情書事件發生衝突之後，女兒就像是變了一個人一樣。她不再按時回家，不再向自己報告學校的事情，不再做什麼事情都詢問自己。這位母親知道自己當時憤怒地打了女兒是錯誤的，但是她不知道如何去改正，不知道如何去修復和女兒之間的關係。在這兩個星期裡，這位母親幾乎每天都在失眠，最終只好來尋求心理醫生的幫助。

　　心理醫生聽了這位母親的故事後，對她說：「你想過自己的女兒終有一天會長大離開自己而去嗎？」

　　母親說：「我知道這一天一定會到來，但是不願意去想，也不敢去想，因為我太愛自己的女兒了。」

　　心理醫生說：「每個人在童年時期都會在一定程度上依賴自己的父母，然而隨著年齡的增長，這種依賴逐漸減少，孩子將會逐漸開始變得獨立，離開父母的懷抱。實際上在你女兒身上，這種離去現在已經慢慢開始了，這是每個人都要經歷的一個過程。你女兒並沒有什麼過錯。但是情書的出現讓你開始意識到女兒將要開始獨立，不再所有事情都受你的控制，所以你才會如此憤怒。既然你知道女兒終究會隨著年齡的增長離你而去，為什麼你無法接納這個事實呢？」

　　母親終於明白了自己一連串做法的原因，她也接納了女兒

終將離開自己選擇獨立的事實。

在明白這一切之後，母親回到家裡開始和女兒進行溝通。她向女兒承認了自己的錯誤，同時也不再要求女兒所有事情都必須聽從自己，因為她意識到女兒長大了，已經有能力獨自處理一些事情。而自己要做的就是在旁邊觀察女兒，當她的行為出現偏差時，再給予適當的幫助。

結果呢？幾個月之後，這對母女的關係比發生衝突之前更加親密了。雖然此時母親已經不再過多詢問女兒的事情，但是女兒卻會主動和母親分享一些自己的事情。當遇到一些讓自己感到困惑的事情，她還會尋求母親的意見。

我們要學會接納已經發生的事情，也要學會接納那些必然會發生的事情。

很多事情是我們無法掌控或者無法一直掌控的，但是我們卻總是幻想著永遠去掌控這些事情。就像案例中的那個母親。隨著女兒的成長，最終必然會離開自己。無論她是否願意，都無法阻止這件事情的發生。無法接納這個事情，只會讓母女之間的關係變得越來越緊張。

當母親接納這一切之後，臣服了，也放下了。她意識到很多事情本不是自己可以掌控的，又何必強行去干涉呢？不如放手任事情自然發展，反而可以獲得意想不到的收穫。

★忘記驕傲也是臣服

西元 1815 年 3 月，法國著名的政治家、軍事家拿破崙一世（Napoleon Bonaparte）從厄爾巴島返回了法國，然後將自己的舊部召集起來，進入巴黎登基稱帝，建立了法蘭西第一帝國，並且組建了強大的軍隊。

此時歐洲的反法聯盟立刻動員起來，聚集數萬軍隊想要進攻法國，推翻拿破崙的統治。拿破崙對此很快就做出了反應，率先帶領軍隊開始向反法聯盟宣戰，並且在比利時一舉擊敗了反法聯盟中的普魯士大軍。

在戰勝普魯士大軍之後，法國軍隊士氣高漲，同時拿破崙自己也非常興奮。此時在他看來，反法聯盟雖然有規模龐大的軍隊，但是戰鬥力完全不能和自己相比。在戰場上，自己必然能夠擊潰所有敵人。

在這種錯誤的想法下，拿破崙在擊敗普魯士大軍之後立刻率領部隊進行追擊，結果在追擊到滑鐵盧時，遇到了多個國家組成的聯軍。這時聯軍已經建立好了陣地，準備阻擊法軍的追擊。

雖然此時拿破崙手中掌握的軍隊數量要優於敵人，可是軍隊之前已經經歷了一次大戰，進行了長時間的追擊，已經非常疲憊了，而且敵人還已經建立好了陣地，就等法軍來進攻。不過最終拿破崙依然決定正面進攻聯軍，想要直接將對方消滅於

滑鐵盧。拿破崙這麼做的原因，就是他認為自己的軍隊即使在不占優勢的情況下，也能夠戰勝敵人，因為聯軍的戰鬥力在他看來是不堪一擊的，更何況現在自己在數量上也有優勢。

雙方的戰鬥從早上開始，結果很快現實狠狠地甩了拿破崙一個耳光。因為拿破崙錯誤低估了聯軍的戰鬥力，法軍在進攻陣地時遲遲都沒有成功，為此拿破崙不斷投入新的預備隊，但依舊沒有任何效果。到了傍晚，之前被拿破崙擊潰的普魯士軍隊在其他地方又重新集合，趕到了滑鐵盧戰場。聯軍立刻發起了全面反攻，戰場形勢出現了一邊倒的局面，法軍全線潰敗，拿破崙也狼狽地逃離了戰場。

滑鐵盧戰敗對拿破崙的影響是重大的，在戰敗四天之後，拿破崙迫於形勢只能選擇退位，之後被流放到了大西洋上的聖赫勒拿島。拿破崙就此結束了他的傳奇生涯，雖然他一直到西元 1821 年才在島上離世，但是滑鐵盧之戰的失敗就代表了他傳奇生涯的結束。

滑鐵盧戰役是拿破崙指揮的最後一場戰役，自此之後，他便徹底的退出了歷史的舞臺，而造成這一切就是因為他的驕傲。因為他驕傲地認為自己指揮的法國軍隊的戰鬥力遠超過聯軍，而擊敗普魯士軍隊的經歷更讓他確信自己的看法是正確的，因此才錯誤地選擇和已經有所準備的聯盟進行正面決戰，最終慘敗而逃。

　　滑鐵盧戰役是後世很多軍事學家都熱衷研究的戰役，根據這些軍事學家的研究和判斷，假如當時的拿破崙放棄自己的驕傲，不再主動出擊，而是選擇在法國境內防守，等待聯軍進攻法國，然後再和聯軍打消耗戰，那麼拿破崙獲勝的機率將會大大增加。

　　事實上在開戰之前已經有人建議拿破崙這麼做，但是拿破崙的驕傲讓他無法接受這樣的作戰方式，最終導致戰爭的失敗。

　　當處於孩提時代時，我們的頭腦中總是充滿了幻想。我們幻想自己是特殊的；我們幻想自己是無所不能的；我們幻想自己應該可以得到想要的一切；我們幻想自己才是世界的中心，周圍所有的一切都應該為我們服務……

　　正是因為有了這些幻想，當我們遇到和幻想相衝突的事情時就會放聲大哭，因為這時我們知道父母才是實現這些幻想的關鍵，當我們苦惱的時候，父母就會及時趕到、幫助我們。

　　然而隨著時間的推移，伴隨著年齡的增長，我們的心智也逐漸成熟。此時我們逐漸走出幼年時期的幻想，意識到世界並不是以自己為中心的；意識到自己並不能輕鬆得到想要的東西；意識到父母不是萬能的……於是我們就放棄了過去那些不切實際的幻想，心智得到成長。

　　雖然長大後的我們看似放棄了幼年時期那些不切實際的幻想，但是實際上並不是如此。

在我們的內心深處仍然保留著一個驕傲的幻想，這個幻想就是「我永遠是對的」。

大多數人都並沒有意識到自己內心深處還潛藏著一個這樣的幻想，但是它就像是潛意識一樣，時刻在影響我們的思想和行為。

這種幻想每一個人都有，事實上，任何一個人聽到他人提出和自己不同的意見，心態都不可能完全處於平和狀態，但是並不是所有人都會表現出來，因為有的人在成年之後會用理智去壓制這種幻想，而有的人則不會。這也就是為什麼有的人面對他人的反駁或者不贊同，能夠表現得非常謙虛，而有的人則不願意聽到任何和自己不同的意見。因為我們都認為自己才是對的。

很多時候，正是有了這種幻想，我們才會和他人發生爭執。因為在我們的潛意識當中，自己才是對的，而當他人對我們產生質疑時，我們就會試圖去糾正對方的錯誤，然而每個人都有「我永遠是對的」這種幻想。在這種幻想的作用下，雙方誰也不願意接受對方的觀點，爭執就此產生。

並且當我們完全無法控制自己的這種幻想時，爭執就有可能帶來很嚴重的後果。

我們經常會看到這樣的一類新聞：兩個人因為一件再小不過的事情發生爭執，最終大打出手，甚至有人因此失去了性命。很多人對這類新聞非常不理解，甚至覺得有些好笑。

　　當我們明白了每個人都有「我永遠是對的」這一幻想之後，重新再看這類新聞，這些事情就有了合理的解釋。

　　事情起因並不重要，重要的只是因為有兩個完全無法控制自己驕傲幻想的人，在一件事情上出現了分歧，最後就會出現這樣的結果。因為他們誰也不願意認可對方的意見，承認自己是錯誤的。

　　當我們被驕傲幻想所控制的時候，在他人眼中，我們就是一個非常狹隘的人。因為我們總是生活在自己的世界中，用自己的標準來評判周圍的一切，無論遇見什麼事情，我們只會主觀地對其做出判斷，然後將這種判斷當做是事實。

　　處於這種狀態下，我們將很難看清事情的真相，這就會讓我們對事物的認知出現偏差。同時，因為思想總是非常狹隘，所以我們和他人之間的溝通交流也難以進行，矛盾就此產生。

　　如果我們細心了解，就會發現古今中外所有具有大智慧的人，首先強調的都是正確認識自己，因為他們知道驕傲幻想的存在，他們知道無論一個人有多麼優秀，他也不可能永遠都是正確的，所以他們透過認清自己來控制驕傲幻想對自己的影響。

　　去除自己的驕傲幻想，正是我們對真實的自我臣服的開始。

　　從孩提時代認為自己是世界的中心，到成年之後意識到自己只是世界的一部分，臣服於我們並不是世界中心的事實，是我們心智成長的開始。

臣服不是一切的終點，恰恰相反，臣服是開始一切的起點。

臣服之後，我們要做什麼？這才是最重要的。

讓我們用《當下的力量》（*The Power of Now*）中一段我非常喜歡的話，作為這一節的結尾：

「假設你身陷泥沼之中，你不會說：『算了，我甘心陷在這裡。』認命不叫臣服。你不需要接受一個不愉快的或惱人的生命情境。你也不需要自欺欺人地說，身陷泥沼沒有什麼不對。不對。你全然地體認到自己想要脫困，然後就把你的專注縮小到當下這一刻，但是不用任何方式來替它貼上心理標籤。這意謂著對當下沒有批判，因而沒有抗拒、沒有情感否定。你接受了這一刻的「是然」（isness），隨即採取行動，盡一切所能讓自己從泥濘裡脫身。我稱這樣的行動為積極行動。它比發自憤怒、絕望、或挫敗的行動更具威力。你要拒絕為當下貼上任何標籤，持續修練臣服之道，直到你達成你所期望的結果為止。」

人生苦短，不如做個快樂的付出者

「愛出者，愛返。」

—— 淨慧禪師

有一個年輕的商人，他在做生意方面有過人的天賦，才三十多歲就已經有了過億的資產。但是他卻從沒有快樂過，並

且總是充滿了怨氣。雖然他身邊朋友眾多，但也全是酒肉朋友和生意朋友，沒有一個可以交心的人。

這個商人不明白為什麼會這樣，但是旁人卻看得非常清楚。這個商人終日都在考慮自己的利益得失，他不關心周圍的任何人或者事情，更不用說去幫助他人了。

這個商人其實就是一個「窮得只剩下錢」的真實寫照。一個人雖然擁有了鉅額財富，但是過於沉迷在財富累積上，總是在思考如何獲得更多的財富，不願意讓自己有任何損失或者付出，最終結果就是除了錢他一無所有，每天總是在煩惱和怨恨中度過。

在我上高中的時候，班上有一位同學，這位同學特別喜歡評論社會上的一些讓他看不慣的行為，評論的內容通常都是無休止的批判。

一次報紙上報導了這樣的一件事：某地一位著名企業家進行了獻愛心的活動，活動的一項流程是去孤兒院看望孤兒。這位企業家面對鏡頭時對孤兒關懷備至，噓寒問暖，然後在一大堆記者前呼後擁下，向孤兒院捐了款。

然而，當整個流程結束，記者們紛紛離開的時候，這位企業家馬上就一改親和熱情的面孔，對周圍的孤兒不再理會，迅速轉身離開了孤兒院。不巧的是，後面這些畫面剛好被一位還沒有離開的記者拍了下來，然後刊登在了報紙上，一下就引起

了轟動。無數人對企業家的這種虛偽行為口誅筆伐。

　　我的同學得知這件事情後，也馬上開始批判這位企業家太過虛偽，捐款行為也都只是為了作秀吸引眼球而已，他的宏論吸引了周圍的同學，大多數同學都在附和他的看法。

　　這時，突然有一位同學說了句話：「就算是作秀，也比將錢用在他自己的奢侈享受上要好吧？難道他的付出是毫無作用的嗎？」

　　這個同學說完之後，全班陷入了寂靜之中。我聽了之後略微一想，確實如此。

★你在付出的第幾層？

　　雖然企業家做慈善的行為動機不純，本身對付出也沒有多大興趣，願意付出的原因只是為了從中獲得對自己有利的東西，但即便是這樣，付出也總比不付出要好，因為有人因為他的付出受益了。而這種付出也是付出的第一個層次。

　　付出還有第二個層次，處於這一層時，我們付出的原因是因為關心接受付出的人，希望自己的付出能夠幫助到他們，而他們的境況是否因為我們的付出得到改善，這對我們來說也十分重要。如果對方確實因為自己的幫助，境況得到改善後，我們就會感到快樂。

　　在生活中這一類付出者非常多，我們大多數人也都屬於這

一類付出者。當我們看到他人需要幫助時就會伸出援手，希望自己的付出能夠改變對方的情況。

雖然我們不會表現出來，但是心理卻在不自覺的期待對方感謝我們、稱讚我們。而當現實和我們想像的不一樣時，比如我們的付出沒有發揮作用，又或者對方對我們的付出沒有任何表示，這時我們就可能會感到失望、沮喪，甚至會因此不願意再為他人付出。這樣的例子在現實中也比比皆是。

第三種付出是沒有理由、不求回報的付出。當我們成為這種付出者之後，只是覺得付出行為是自己應該做的，不在乎付出對象是誰，不在乎是否因為我們的行為而會讓他人獲益，也不在乎是否有人會因為我們的行為而感謝我們。比如我們走在路上看到有被亂扔的共享單車，不會多想就上前將單車扶起來放到它應該在的地方。這就是沒有理由、不求回報的付出，是一種自然而然的行為，也是一種難能可貴的精神。

在實際生活中需要我們付出的事情有很多，有些事情可能需要我們具備一定的能力才可以付出，而有些事情則不然，也許只是一些舉手之勞的事情。當我們在做這些事情的時候，我們可以回過頭去審視自己，尋找自己做這件事情的理由：

是因為有人正在看著我們的行為？

是我們希望付出之後有人獲益，然後感受到快樂？

還是沒有理由、自然而然就去做的？

　　我們不斷審視自己付出的過程，也是自我成長的一個過程。如果我們正處於付出的第一層，不妨在心態上做出調整，開始嘗試為了他人獲益而付出，並且從中獲得快樂；而當我們處於付出的第二層時，不妨淡化自己付出的目的性，自然而然的去付出，不為尋求他人的稱讚，不為尋求內心的快樂。當我們做到的時候，就會發現自己的內心將會越來越平和，身上的正能量也在不斷地被強化。此時，快樂也和我們付出的行為一樣，自然而然的就存在，沒有理由。

　　這時我們將會發現，原來快樂是這麼簡單的一件事情，它無時無刻不在我們身上發生，一起都那麼自然平和。

第 7 章
愛的神聖力量：建立深刻的親密關係

愛情第一法則：散漫無紀的愛是一場災難

「我太年輕了，甚至不懂怎麼去愛她。」
—— 安東尼·聖修伯里（Antoine de Saint-Exupéry），
《小王子》（*The Little Prince*）

尼克和愛咪在周圍人眼中是一對完美的模範夫妻。尼克瀟灑、帥氣，愛咪則是將聰明、漂亮和善解人意集合在了自己一身，並且愛咪的父母是著名的兒童作家，家境殷實，愛咪成長於這樣的家庭中，自然從小就被父母寫進了書中，所以很多人都叫她神奇的愛咪。

自從尼克和愛咪兩人在一場派對上認識之後，很快的，他們就陷入了熱戀當中，並且在兩年之後步入了婚姻的殿堂。愛咪從不想讓自己的婚姻，隨著時間的變化而變成一個平凡而又庸俗的婚姻，所以她總是想辦法在婚姻中製造一些浪漫。比如在他們的每個結婚紀念日，愛咪都會精心準備謎題，一個個謎語指向下一個地點，最終揭露出浪漫的驚喜。

儘管愛咪如此努力，但是他們的愛情還是慢慢地滑向了平淡，尼克出軌了。

這一天是兩個人的結婚五週年紀念日，尼克一早就去了和妹妹合開的酒吧，但是中途接到了鄰居的電話：你家的大門敞開著，你家的貓也出來了……

尼克回到家時，發現門不僅開著，家裡像是災難現場。在客廳裡到處都是暴行的痕跡，本該在家的妻子愛咪則消失不見了。尼克立刻報了警，警察開始調查這件事情。

愛咪的父母在知道這件事情之後非常驚慌，然後向警方提供了可能會威脅愛咪的嫌疑人：一個是在高中時期和愛咪有過關係的富豪男友，一個是愛咪在大學時期的前男友，這個人曾經侵犯愛咪被起訴。不過這兩個人如今似乎和愛咪並沒有太多的交集。

不過，警察在尼克家中進一步調查的時候有了新的發現：在看上去非常乾淨的地板上曾經有大量血跡；尼克和妹妹的酒吧最大股東是愛咪；有帳單顯示尼克曾經購買過大量的奢侈品；愛咪的人身保險金額突然被提高；愛咪的日記中記錄了尼克出軌被發現的事情。

尼克先是肆意揮霍金錢，然後又選擇了出軌，之後被妻子發現，尼克又暗中提高了妻子的人身保險金額。根據這些線索不難得到一個推論，一切的線索都將矛頭指向了丈夫尼克：是他殺死了妻子愛咪。

愛咪從小就在兒童暢銷書中出現，算是一個公眾人物。所

以當她失蹤被爆出之後，雖然警察還沒有下結論，但是無數媒體都開始指責尼克。

不過事實上就在尼克百口莫辯的時候，他的妻子愛咪正在高速公路上一邊開車，一邊發洩著自己對丈夫尼克的不滿。丈夫的無所作為和出軌的行為打破了愛咪對婚姻的幻想，所以聰明的她策劃了這一切，想要以此來懲罰丈夫。

愛咪先是自己在家中製造了一片混亂的現場，然後讓丈夫在不知道的情況下簽署了自己新的人身保險單，最後又偽造了一本婚後日記。這本日記裡記錄了結婚之後的生活，一開始是美滿的，後來尼克有了出軌行為和家暴行為，自己非常害怕尼克，擔心他會殺死自己。

在精心布置完這一切之後，愛咪的計畫是：隱姓埋名地離開，透過網路匿名指責尼克，讓所有人都認為是尼克殺死了自己，然後尼克被送進監獄。

計畫是非常完美的，但是愛咪實施起來卻出現了問題：愛咪因為並不擅長隱姓埋名，所以很快被人發現她是一個有問題的人，結果愛咪被搶劫了。

全部錢財都被搶走的愛咪沒有辦法，只好聯絡了高中時期曾追求過她的前男友，編造了一個自己丈夫虐待的故事，想要尋求前男友的幫助。前男友答應了愛咪的請求，將她帶回了自己的公寓隱藏了起來。

此時愛咪的丈夫尼克正處在風口浪尖上，他在接受電視採訪的時候向妻子認錯，請求妻子的原諒。

愛咪在電視中看到了認錯的尼克，同時前男友對自己的虐待和控制也讓愛咪無法忍受，於是愛咪利用房間裡的監控再次策劃騙局，成功地殺死了前男友，然後回到了丈夫尼克的身邊，向外界編造了一個自己被綁架的故事。雖然愛咪的故事編造得並不是十分完美，但是外界更關心的是愛咪又回來了，所以沒有人再過多地注意愛咪故事中的漏洞。

不過尼克是例外，因為他知道保單、奢侈品帳單和日記都是愛咪偽造的，但是愛咪並不承認。直到一切塵埃落定之後，愛咪向尼克承認自己謀殺了前男友。但是尼克知道了也沒有任何意義，因為他沒有任何證據。最終尼克只好繼續向外界扮演一對模範夫妻。

以上是小說改編的電影《控制》（*Gone Girl*）的劇情，我第一次看這部電影就被迷住了，被它所道出的婚姻的真諦所震撼。看完電影，我又特地找了小說來看。

小說裡有一些是對婚姻的中立見解：「婚姻就是互相妥協、努力經營，然後更加努力地經營、溝通和妥協，隨後再來一輪經營。凡入此門者，請萬勿心存僥倖。」

還有一些則表達了對婚姻生活的失望：「我愛過你，可後來我們做的一切就只有互相怨恨、互相控制，帶給我們的只有痛

苦……這就是婚姻！」

「你講的笑話被會錯了意，你的妙語連珠也無人回應。要不然的話，他也許明白過來你講了一句俏皮話，但卻不確定該怎麼應付，只等稍後將它輕描淡寫地處理掉。你又花了一個小時試圖找到對方的心，認出對方的真容，你喝得有點過火，也努力得有點過火。後來你回家躺到冰冷的床上，心裡想著『其實也還不壞』，於是到了最後，你的人生變成了一長串『也還不壞』。」

「愛情讓我變成了肥婆！柔情蜜意讓我的嗓子啞了幾分！一腔忠心讓我的身材肥了一圈！我變成了一隻開開心心、忙忙碌碌的蜜蜂，雙宿雙飛讓我渾身上下帶著一股勁。我在他的周圍忙碌，管東管西地打發一些雞毛蒜皮的小事。我已經變成了一種奇怪的事物：一名妻子。」

婚姻會改變我們，婚姻也會改變我們的感情。就像作者說的「進入婚姻的人，萬勿心存僥倖」。

而我非常喜歡其中這一段話：「人們告訴我，愛應該是無條件的，每個人都說，這是黃金守則。但如果愛真的毫無界限、毫無約束、毫無條件，那怎麼會有人努力去做正確的事呢？如果我心知無論如何別人都會愛我，那又何來挑戰呢？我應該去愛尼克，儘管他缺點重重，而尼克也應該愛我，儘管我滿身怪癖。但是很明顯，我們雙方都沒有這麼做，因此我認定大家都

大錯特錯，愛應該有著諸多的條件和限制，愛需要雙方無時無刻保持完美狀態。無條件的愛是一種散漫無紀的愛，正如大家眼見的那樣，散漫無紀的愛是一場災難。」

散漫無紀的愛是一場災難！多麼精妙的見解。

★為什麼我們問題的焦點永遠得不到解決？

我曾聽過有這樣的一對夫妻，丈夫是企業高階主管，平時工作非常忙，妻子則是全職太太，每天都在家裡。這對夫妻的感情非常好，現在又快到雙方的結婚紀念日了，所以兩人約定要好好慶祝一下。

到了結婚紀念日這一天，丈夫一大早就去了公司，想要趕緊將公司的事情處理完，好提前回家。為此丈夫在公司忙碌了一上午，終於將手頭上的工作都安排妥當了。於是下午丈夫早早地就回到了家。

丈夫回到家之後，妻子正在廚房裡忙碌，此時丈夫因為上午太過忙碌，感覺非常疲憊，於是和妻子打了一個招呼，就到客廳坐在沙發上看電視。

正在廚房忙碌的妻子聽到丈夫在客廳看電視，就開始有些不高興。在妻子看來，今天是結婚紀念日，自己一大早在為慶祝做準備，丈夫回來不過來陪我、幫我做事，卻直接看電視去了，他心中真的在乎結婚紀念日嗎？

想到這裡，妻子就跑到客廳抱怨了丈夫幾句，然後又回到了廚房。丈夫發現妻子不高興了，馬上關掉了電視，跑到廚房問有什麼需要自己幫忙的，但此時妻子已經生氣，丈夫勸了好幾句都不管用，最後丈夫也生氣了，轉身離開廚房，繼續回客廳看電視，一個結婚紀念日就這樣泡湯了。

故事中的丈夫和妻子，對於自己的做法都有正當的理由，丈夫認為自己每天在外忙碌，今天為了下午早點回家，早上更是忙得不可開交，回家了實在太累，自然想要休息一下。而妻子也有自己的理由，為了結婚紀念日，自己從早上一直忙到下午，結果丈夫回來連問都不問就去客廳看電視，自己當然要生氣。

兩人的理由看起來都十分充分，事實也是如此。他們之間會發生衝突的原因並不在於行為的理由，而是在於他們沒有告訴對方自己的期待和需求，而是理所應當的認為對方應該可以理解自己。

但是很明顯，雙方都沒有理解對方，誤會就此產生，衝突也就此發生。

其實我們仔細思考一下就會發現，雖然每次爭吵的原因可能各不相同，但是實質性的焦點卻總是那麼幾個，但就是這幾個焦點卻一直沒有被解決。

為什麼只有幾個爭論的焦點，卻一直沒有得到解決？

在這個世界上沒有完美的人，每個人都有自己的缺點。雖然在建立親密關係之前，對對方已經有一定的了解，但是受到接觸時間的限制，了解的程度有一定的局限性。而隨著接觸時間的長久，親密關係的雙方接觸越發頻繁，相互的了解也變得更加深刻，雙方身上的缺點就完全的暴露出來，矛盾就此產生。

並且隨著時代的發展，越來越多的人為了尋找想像中的完美愛情，開始追求自由戀愛。此時在這些人看來，愛情只需要兩人相愛即可，不需要過多地考慮其他因素。所以在這種愛情觀的作用下，有很多看上去「門不當戶不對」的愛情產生。

這種愛情觀是值得尊敬的，我也衷心祝福這樣的愛情。這種愛情也是可以得到幸福的，但是在追求這樣的愛情之前，我們必須要做好充分的準備，以便從容地面對今後可能出現的種種問題。比如兩個出生環境、教育背景、經濟條件有著極大差異的人建立了親密關係，那麼雙方之間必然會產生一定的矛盾，這種矛盾和愛情無關，只因為背景的不同造成兩人人生觀、世界觀都會有所差異，看待同樣一件事情得到的結果也會不同，這就會產生矛盾。

我們可以將在這種親密關係中矛盾集中爆發的時期看做是一個過渡期，如果雙方能夠理性應對矛盾，順利度過過渡期，那麼這份愛情就是幸福的。反之，兩人無法順利度過過渡期，頻繁地爆發衝突，這種愛情自然也就無法長久。

曾幾何時，愛情在我們眼中是那樣神聖而又莊嚴的事情，每一個人在年少輕狂的時期，都曾對愛情有過美好的幻想，希望自己能夠在未來尋找到一份真摯而又圓滿的愛情。然而當我們真的開始接觸到愛情之後，卻發現愛情似乎並不是自己想像的那樣。

在我們接觸到愛情的時候，愛情讓我們感到幸福，同時為我們帶來了希望。但是隨著時間的推移，我們發現愛情為我們帶來的不只有幸福和希望，還有抱怨、爭吵、甚至攻擊等等。有時候我們會想，為什麼愛情會是這樣的？面對爭吵，有時我們會產生這樣的想法：「明明我們都知道對方是愛自己的，可是為何就無法避免爭吵呢？」

★我愛你，並不代表我了解你的一切

當我們建立起親密關係之後，因為有過去的理想愛情作為榜樣，所以我們會試圖將對方打造成自己心目中的樣子，以便讓自己的愛情變得和想像中的一樣。並且將自己幸福的需求放在對方身上，認為對方應該如何去做，自己才能夠幸福。

我們回憶自己曾經和伴侶發生過的衝突，就會發現經常有這樣的話語出現在衝突中：你不知道我最不喜歡 XXX 嗎？你和我在一起這麼長時間，難道不知道我希望得到 XXX 嗎？

似乎我們理所應當的認為對方應該了解自己的一切，然後不需要自己說，就可以完全按照自己的心意來做事。

我們常常混淆了一個概念：「我愛你」和「我了解你、我懂得如何愛你」並不是同一件事情，它們之間不能劃上等號，但是很多時候，我們卻把它們之間劃上了等號。

兩個刺蝟如何相愛？不是要你把刺都拔掉

> 「愛情，就是兩個害怕獨處的人一起逃避！」
>
> ——《愛在黎明破曉時》（*Before Sunrise*）

在森林之中有兩隻刺蝟。在一次偶然的機會下，兩隻刺蝟相遇了，然後牠們就相愛了。相愛的感覺是幸福的，兩隻刺蝟在森林當中結伴而行，一起覓食、一起休息。

然而相愛的幸福感很快就被困擾和不解取代。在天氣寒冷的夜晚，當兩隻刺蝟希望依偎在一起相互取暖時，牠們發現了問題。當牠們兩個貼近之後，雙方身上的刺就會扎入對方的身體當中。兩隻刺蝟非常相愛，所以牠們不斷地嘗試，然而一次次嘗試的結果只是讓牠們變得遍體鱗傷，卻依然無法互相接近。

在經過無數次嘗試之後，兩隻刺蝟身上都已經傷痕累累。牠們保持了一定的距離，然後疑惑而又不解的看著對方，因為牠們不明白為什麼自己深愛著對方，自己身上的刺卻總是在傷害對方。

兩隻刺蝟就這樣默默的互相對望，卻再也不敢接近對方。

不知道過了多久，其中一隻刺蝟終於想到了解決辦法 —— 就是將自己身上的刺拔掉。一想到自己拔掉身上的刺就可以不再傷害對方，這隻刺蝟馬上就跑到一旁行動了起來。這隻刺蝟不知道的是，另一隻刺蝟也想到了這個方法，在牠拔自己的刺的同時，另一隻刺蝟也在拔自己的刺。

當兩隻刺蝟將自己身上的刺都拔乾淨，再次回到原來的地方之後，牠們發現自己幾乎已經不認識對方了。雖然牠們驚訝，但是最終牠們終於可以依偎在一起了。然而幸福總是短暫的，兩隻失去了刺的刺蝟已經不再能夠適應環境，牠們也失去了抵禦外敵的最有利武器，最終牠們丟掉了自己的性命。

這是一個悲傷的故事，那麼，兩隻刺蝟難道就無法戀愛嗎？

★愛不愛你，與你無關

在說兩隻刺蝟究竟該如何相愛前，我想先說另一件事情，我們也只有明白這件事情，才能擺正自己在親密關係中的位置，也才能讓如兩隻刺蝟一樣的親密關係的雙方，和諧地在一起。

雞叫與天亮與醒來，是三件事情！而我們卻還活在「雞叫天就亮，天亮就起床」的固定思維裡。

雞叫天就亮，天亮就起床，我們在固有的自我限定的思維裡，還要掙扎多久，才能明白這是天然、自然的三個獨立事件。

聽說現在農村的雞也不叫了，每天白熾燈照著牠不分晝夜，不過雖然雞不叫了，但是天依然會亮。也經常聽說天黑了人未眠，天亮了人未醒，現在的人的身體起居毫無規律，打破了地球自轉與公轉的生理時鐘，而人的心卻停留在傳統的順應天意、天意難違的理所應當中。當你的身心不合一，知行不合一，你會發現，不只是扭曲了靈魂，看著周遭的人與事與關係，看不明看不清更看不懂。

雞不叫，天也會亮，不是嗎？天亮了，人也是不會醒，不是嗎？人不醒，和雞叫無關。人不醒，和天亮也無關。人啊，到該醒的時候，自然會醒。

一位朋友打電話給我：「姐姐，我覺得人就該沒有脾氣，更應該沒有情緒，情緒這東西是最沒有用的。」

我問她：「怎麼了？」

她說：「我不該發脾氣，我不該有情緒，我和他吵架了。這次很嚴重。」

我說：「你已經是『忍者神龜』了，還想怎麼虐待自己？沒脾氣沒情緒，那連寵物都不如啊。」

她長吁一口氣問：「那我怎麼做才能讓他愛我啊？」

我說：「愛不愛你，與你無關。你做得再好，他不愛你還是不會愛你的。真的不是你的問題，不要再折磨自己了。」

她說：「即使如此，我還是會選擇要愛他。」

我說：「可以，那祝你幸福。不過你需要明白，你愛他，也和他無關，都是自己的事情，別太折磨自己。」

是的，我們愛一個人是我們的事，對方愛不愛我們和我們無關，所以我們只要愛對方就去做我們應該做的事情，而不是總想著拔掉自己身上的刺，透過這種方式來獲得對方的愛。

其實我們每個人身上都有自己的刺，這些刺雖然在表面上看不到，但是當我們與所愛之人建立起親密關係之後，這些無形的刺就會傷害到對方。

相信很多人都有這樣的經歷，當最初遇到喜歡之人時，愛情看上去是那麼的完美和幸福。然而隨著兩個人建立起了親密關係，接觸越來越多，了解也越來越深，雙方身上的刺也都顯現了出來，因此雙方就頻頻爆發矛盾。

在親密關係中面對矛盾，我們經常可以看到下面幾種錯誤的應對方式：

★不，我不讓步！

當親密關係的雙方發生矛盾，並且都堅持自己的意見時，就會出現針鋒相對的局面。然後兩人開始進入無休止的辯論當中，每個人都試圖用言語去說服對方，要對方認可自己的觀點。

而有過類似體驗的人都明白，這樣的針鋒相對通常是毫無結果的。此時雙方就像是兩隻刺蝟瘋狂的相互撞擊一樣，只是

不停的在互相傷害。從而讓雙方之間的矛盾進一步的升級。

即使最終有一方放棄了爭論，另一方也不會因此而產生喜悅感。親密關係之間的關係也受到了極大的傷害。

★一直退、一直退，退到無路可退

當親密關係的雙方發生矛盾，並且互不相讓時，通常是因為雙方性格較為強勢造成的。不過不可能每個人的性格都是強勢的。所以當親密關係的雙方中有一方或者雙方都不強勢時，問題發生之後，不強勢的一方就有可能選擇退讓，衝突也就暫時性的擱置起來。

有人曾經問過我，這種處理衝突的方式算是一種好的方式嗎？因為它能夠停止衝突。是的，這種處理是可以讓衝突停止，但只是暫時性的。同時我們還要了解一點，退讓並不代表放棄自己的觀點、認同對方，退讓只代表暫時性的壓制住自己的激動情緒。

而每個人對情緒的控制力都是有限的，我們可以為了避免正面衝突而控制自己的情緒一次，也可以控制住第二次，但是衝突沒有得到根本的解決，所以還是會繼續發生。當發生多次之後，我們就很難再控制住自己的情緒，然後在某一時刻將過去所有的情緒都爆發出來，從而讓衝突變得更加激烈。

★呃……乾脆逃避好了

親密關係中每一次衝突的發生，都代表著雙方之間存在一定的問題。面對衝突，面對衝突背後的問題，有時候我們就會犯一個很多人都會犯的錯 ── 選擇逃避。

比如透過喝酒的方式來逃避現實。有很多酗酒者都將酗酒的原因歸咎到壓力上，包括工作壓力、生活壓力、家庭壓力等等，並且認為這種理由既合情又合理。但實際上他們只是藉助酒精來逃避這些產生壓力的問題。在親密關係中也是一樣。

雖然逃避會讓親密關係看上去比較和諧，大大降低了衝突的發生機率。但是問題始終存在，從沒有得到解決。並且有時衝突並不一定是件壞事，至少它能夠提醒我們有問題需要我們解決。同時衝突其實也是一種溝通方式，它能夠在一定程度上幫助雙方來了解問題的根源，然後思考如何解決問題。

因此如果我們只是一味的逃避，不願意面對問題，這只會讓彼此之間的距離越走越遠，最終變成路人。

兩隻刺蝟相愛，一隻努力拔掉刺，另一隻保持原狀，或者兩隻都將身上的刺拔掉，這都不是想要的結果。信誓旦旦認為將身上所有刺都拔掉然後在一起的案例我見過很多，但通常結果都是讓人悲傷痛苦的，因為他們為了愛情付出得太多，多到已經完全變成了另外的兩個人。

事實上在親密關係中，我們不需要拔掉身上的刺，只需要

理性、耐心和適當的距離。

在親密關係中面對無休止的衝突，我們往往會失去自己的耐心。有時候我發現，很多人面對陌生人和不那麼親密的朋友和同事時，會很有耐心和理性，但是越是親密，我們對對方要求越高，理性和包容就不知所蹤了。

因為我們和親密關係的另一方太過親密，親密到了沒有任何距離。適當的距離也是美好親密關係的重要訣竅。

無論親密關係的雙方有多麼親密，但是始終是兩個獨立個體，每個人都需要一定的獨處空間，不希望任何人闖入，即使對方是自己最親密的人。

更重要的是愛情讓兩個人走到了一起，時刻都在面對著彼此，因此雙方可以說是最熟悉彼此的人了。也正是因為這種熟悉感會讓激情逐漸消退，甚至變成一潭死水。沒有人希望自己的愛情最終走到這一步。所以我們需要為彼此留下適當的距離。

控制，讓我們與真正的美好失之交臂

「我們這麼努力去控制對方，是不是因為我們掌控不了自己？」

—— 關於愛情的反思

電影《志明救春嬌》中這樣一句臺詞令人捧腹：「你們這段關係，一半機會可能成功，一半機會可能失敗。」

事實上，世界上所有的事情都是如此：一半的機率成功，一半的機率失敗。最後的結果，其實還是要靠我們自己的經營。

不過我要說的是，如果一段感情中，有一方特別強、甚至雙方的控制欲都特別強，那麼這段感情的失敗率一定會大上很多。

在親密關係之中，我們有很多人總是執著於控制，希望自己能夠掌握對方的一切。但是我們不知道在會傷害親密關係的種種行為之中，控制一直排在前幾名。有強烈控制欲存在的愛情是病態的，控制欲不會讓對方離我們越來越近，甚至只會讓兩人漸行漸遠，最終形同陌路。

為什麼我們會想要控制他人？每當有人提起這個問題時，我們會說自己是愛對方的，所以才會想要控制。但這種愛是真正的愛嗎？當然不是。

喜歡控制的人，常常會替自己的控制行為找出各種理由，甚至蓋上漂亮的面紗：

因為我愛你，所以我才管你。

我控制你的行為，是為了你好。

我所做的一切，都是為了解決我們之間的問題 —— 是為了我們好。

控制，常常被冠以愛和為了對方的名義。但是控制行為本身是錯誤的，控制是一場自欺欺人的騙局。當我們執著於控制一個人，我們就看不到真實的他，而致力於把他改造成我們想要的他。

★控制讓我們錯過真正的親密關係

在我們心中有時會存在一個虛擬的親密伴侶，我們會勾畫出這個虛擬親密伴侶在平日生活中的一舉一動，而這些舉動能為我們帶來平穩感和安全感。

不過這些都只是我們的主觀意願，現實中的伴侶通常是無法達到我們要求的。因此我們就想要命令伴侶，讓伴侶朝著我們希望的那樣去做。當伴侶不願意聽從我們的命令時，我們就會因此而感到憤怒，甚至做出過激的行為。

因為我們自認為已經為伴侶設定好了一切，並且認為伴侶非常清楚我們的想法。當伴侶不願意服從我們時，就打破了我們對這一切的幻想，從而讓我們產生一切都處於失控狀態的感覺。

我曾經接觸過一個具有強烈控制欲的女孩。這個女孩有一個愛她的男朋友，而從她的話語裡也不難看出，她也是非常愛自己的男朋友。

不過相愛並不能解決一切問題，比如女孩的強烈控制欲。在這個女孩眼中，既然她和男朋友在一起了，就應該不分彼

此，互相之間不能有任何祕密，所以她想要知道男朋友的一切。每天幾點上班、幾點下班、和誰吃飯、和誰聊天這些，女孩都要知道，一旦女孩認為男朋友有什麼不對的地方就要立刻指出來，然後督促他去改正。甚至襪子穿什麼顏色，女孩都對男孩有明確的要求 —— 不同場合就應該穿不同顏色襪子，絕對不能出錯。

在這種畸形的親密關係中，她的男朋友越來越無法適應，最終選擇了反抗。對於男朋友的反抗，女孩表現得非常驚訝，她不理解男朋友為什麼要這樣做。於是女孩留了一個訊息給男朋友：給我一段時間讓我想想。之後就人間蒸發，不與任何人聯繫。女孩真的是想要自己一個人想想嗎？不是，她想要透過這種方式來懲罰男朋友，讓男朋友認真想想自己錯在哪裡。

在消失了數天之後，女孩覺得已經差不多了，於是打開了手機。不出女孩所料，男朋友已經快要瘋了，他發了無數個訊息道歉，只希望女孩告訴他她人在哪裡，最後男朋友還報了警。

當女孩心滿意足的再次出現在憔悴無比的男朋友面前時，女孩的男朋友如釋重負，在確認女孩沒有受到任何傷害之後，他先向女孩家裡人發了個訊息，轉告說女孩一切都很好，然後對女孩直說了一句：「我們分手吧。」

當女孩聽到這句話之後，感覺像是被人狠狠地扇了一巴掌，而這一巴掌出現得是如此突然。雖然男朋友之前不只一次

和她說過，不希望自己的所有行為都受到約束，但是女孩並沒有聽進去，因為她並不關心這些。

作為一個旁觀者，女孩的做法似乎很難理解，但是如果我們也有著同樣強烈控制欲，就很容易理解女孩：自己做的一切都是為了對方，對方竟然還不滿意，應該要懲罰。但實際上我們沒有意識到伴侶有自己的個性需求，沒有了解到這一點，我們就無法意識到自己的錯誤。

案例中的女孩認為透過控制男朋友的一切，可以讓他們變得更加親密，而女孩將這種親密當成了愛。所以女孩越愛男朋友，就越是想要控制他。但實際上這種做法只會讓真正的親密關係越來越疏遠，最後錯過真正的親密關係。

和一個具有強烈控制欲的人生活在一起，並不是一件讓人愉快的事情。事實上，我們除了自己之外，誰也不能控制，雖然我們知道這一點，但還是想要去控制他人，為什麼呢？

有時是因為習慣——我們習慣控制自己的另一半，有時是出於自私——我們總是想把別人改造成自己想要的樣子；但是這些都不是控制的最主要原因。

控制其實是一種示弱的表現，控制他人只是因為我們控制不了自己，為了安撫自己因此而產生的焦灼和不安。

我們控制他人，最常見的思考方式是：我為了你付出了好多，所以你要順從我……在這種思考模式的作用下，我們認為

別人應該為自己的情緒負責 —— 但是歸根究柢，我們會控制別人，是因為無法掌控自己的人生。

只有失控者才熱衷於控制他人，當我們對自己的價值感到疑惑，我們又無法自己解決時，我們就會把目光投向外界。

如何在愛情中仍然保持獨立？

「有一天，女人或許可以用她的『強』去愛，而不是用她的『弱』去愛。」

—— 《第二性》（*Le Deuxième Sexe*）

我有一個朋友曾經向我哭訴說自己在家中沒有地位，家裡所有事情都由丈夫來做主，自己沒有任何話語權，並且丈夫對自己的態度也越來越差。她也想要在親密關係中人格獨立，也想要在家中有話語權，但是每次丈夫都不給她機會，因此十分痛苦。

我給她的建議是堅持自己的選擇，堅持自己為選擇負責。如果你的丈夫多次干涉你的選擇，那只有兩種可能。

第一種，你還不夠堅持，你的丈夫發現每次只要對你稍微施加一點壓力，你就會乖乖就範，聽從他的意見。

第二種，雖然你堅持自己選擇，但是丈夫一再強行干涉，那只說明丈夫心中根本不在乎你，這樣的親密關係也就快要走

到了盡頭。

　　法國著名存在主義作家西蒙·波娃（Simone de Beauvoir）在她的著名作品《第二性》（*Le Deuxième Sexe*）中這樣寫道：「有一天，女人或許可以用她的『強』去愛，而不是用她的『弱』去愛，不是逃避自我，而是找到自我，不是自我捨棄，而是自我肯定。那時，愛情對她和對他將一樣，將變成生活的泉源，而不是致命的危險。但在這之前，愛情是以最動人的面貌，概括了壓在封閉於女性世界中的女人、受傷害又不能自我滿足的女人身上的詛咒。」

　　我認同波娃的觀點。每一個女性都應該積極去尋找自己存在的人生價值、人生夢想和人生意義，而這些和他人無關，只和自己有關。當女性找到並且擁有了真正的「自我」時，才不會在親密關係中丟失自我。

　　很多女性對於親密關係破裂這種事情感到難以接受，並且會因此痛苦不已。其實經歷一段親密關係的破裂有時並不是一件壞事，因為失去其實也會讓我們獲得一種自由，這種自由會讓我們容易找到自我。而擁有自我的親密關係，才是真正自由的親密關係。有人或許認為愛情和獨立是相互矛盾的，這只是因為我們不明白究竟什麼是獨立。獨立並不是要我們不與他人親近，不建立親密關係，始終和他人保持距離。那是孤獨，不是獨立。

　　建立親密關係之後，我們依然可以選擇獨立，並且獨立可以對我們的親密關係產生促進作用。

　　獨立具體可以分為兩方面，一方面指的是經濟上的獨立，一方面指的是人格上的獨立。

　　經濟上的獨立非常容易理解。一個人只要願意，總能夠找到一份能夠養活自己的工作。並且經濟獨立能夠是一件讓自己非常快樂的事情，同時經濟方面的獨立能夠讓我們更加有自信。因為工作賺錢並不是一件容易的事情，它需要我們具有技能、學識等等各方面的能力，如果一個人非常善於賺錢，那麼他至少在一、兩個方面的能力上有突出的表現。因此，獲得經濟上的獨立能夠讓我們對自己更具有自信。而且經濟獨立是人格獨立的基礎，如果在經濟上沒有獨立，那麼我們就很難做到人格上的獨立。

　　當我們在經濟上做到獨立之後，就需要開始追求人格上的獨立。我見過一些人在經濟上是巨人，在人格上卻是巨嬰。這些人在工作上表現非常出色，相當善於賺錢。但是在親密關係內，對所有事情都表現出一種強烈的依賴性，即使這些事情是他們自己的事情。

　　對於遇到的事情，他們習慣聽從對方的意見，即使自己不認同對方，也不會說出來，只是一味地附和。有人可能認為這是一種不錯的做法，因為這樣做可以大大降低親密關係間發生

矛盾的機率。但是這種背後卻存在這樣的兩種邏輯，一種是：
什麼事情我都沒有必要操心，所以即使對於這件事情我不認同
也沒有必要說出來。另一種則是：我所有事情都聽你的，即使
做錯了這件事情也和我沒有關係。

　　無論人格無法獨立的背後邏輯是其中的哪一種，都展現出
了一個共同特點，就是逃避責任，這也是人格無法獨立的一個
重要原因。

　　如果我們能自己做選擇，並且能為自己的選擇負責，那麼
親密關係中的煩惱就會減少大半。

　　人格獨立還包括了情感獨立，這也是我們經常容易出現問
題的地方。很多女性在情感上過分地依賴於親密關係，並且因
此逐漸失去了對外界的興趣。這樣我們的內心世界就會越來越
小，最終只剩下了自己的家庭，除此之外，其他任何東西都不
願意再去關心。

　　無論當下我們的親密關係多麼和諧美滿，人生總是充滿變
數，沒有人能夠預言明天會發生什麼事。一旦我們的親密關係
發生變故，親密關係的情感依賴對我們就會產生致命傷害，讓
我們無法接受現實。

　　每個人都渴望親密關係，但是我們卻又經常錯誤地理解親
密關係。在親密關係中，我們和另一個人成為了伴侶，但伴侶
並不是要時刻都捆綁在一起，每個人在不同的環境中都扮演了

不同的角色，伴侶只是其中一個角色而已，並且首先我們是一個獨立的人，然後才是扮演的各種角色。當我們明白這一點之後，才能真正在愛情中做到獨立，不去將自己的希望寄託在他人身上。

我非常喜歡一位作者的一段話，以此做為結尾：

「據說好的婚姻激發人天性中好的一面，壞的婚姻激發人天性中壞的一面。希望你們是前者，我們所有的人也都這麼衷心祝福。但如果是後者也沒什麼，誰能總那麼幸運呢，不必互相指責，死不認錯，計較自己所付出的，都去尋找更好的，更有益於雙方成長的關係就是。婚姻只是所有人類關係中的一種，不比別的關係更好，也不比別的關係更壞。如果你們都明白這一點，現在，新郎可以吻新娘了。」

真正的親密是無縫對接：你凸我凹，我凹你凸

「當我和她相處的時候，我能感覺自己變好了。這就是愛情的魔力，我必須找到的東西。」

——《單身啪啪啪》（*How to Be Single*）

有人曾對我說過：親密關係就像是一臺精密的機器，而關係的雙方就像是這部機器中的兩個關鍵齒輪，只有他們能夠無縫對接，這部機器才能正常地運轉。乍聽之下似乎這個比喻

並不是十分恰當，原因無他，兩者完全沒有關聯，但是仔細想想，這個比喻裡又有很多的道理蘊含在其中。

　　一對齒輪，看上去簡單，但是其實並不簡單。想要維持機器正常執行，對接的齒輪各方面的條件都必須恰到好處。而我們看看親密關係，也正是如此。

　　一份美好的感情需要兩個人一起去用心經營，不是像小孩玩扮家家酒，隨意任性。就像是一對配合很有默契的齒輪一樣，能夠互相包容對方的稜角。這樣的感情才能長久和幸福。

★凸對凸？小心愛情變成了戰場！

　　兩個人能夠建立起親密關係，首先是彼此之間有了「怦然心動」的感覺，然後隨著接觸的次數的增多，這種怦然心動就發展成為了愛情。當兩個人最終走到一起組成了家庭之後，愛情就開始逐漸向親情轉化，此時因為兩人既是伴侶又是親人，當兩人帶著對未來的憧憬，準備一起共度餘生的時候，也許才發現生活並沒有想像中的那麼多熱情，更多的是平淡。試想兩個原本沒有任何關係的陌生男女走在了一起，每個人都有自己的性格，每一個人都有自己的稜角，矛盾也就在所難免。當兩個人稜角相向互不相讓，試圖改變對方認可自己的時候，甜蜜不再擁有，幸福也成為了過去，留下的只有一個兩人的戰場。

　　在親密關係中的戰爭沒有誰是贏家。兩個人在試圖用自己的稜角去傷害對方時，其實也是在傷害自己，傷害這段曾經自

己無比嚮往的愛情，親密關係也在這個過程中變得滿目瘡痍。

　　因此兩個人在一起，更多的考慮不是如何去改變對方，更多要考慮的是如何接受對方。如果一心只想要改變對方，磨平對方的稜角，那兩人之間就不再有親密關係，有的只剩麻木和衝突。

★凹對凹？小心親密關係不再親密！

　　齒輪有稜角也有凹陷，人也是如此。每個人都有稜角，每個人也都有自己的凹陷，而在親密關係中，這種凹陷就是包容。

　　任何一段親密關係都需要包容存在，但是並不是說兩人越包容，這段親密關係就越幸福。當兩個人總是包容相向時，親密關係將不再親密。

　　親密關係能夠為我們提供安全感，所以在親密關係下，我們可以去偽裝，摘下厚重的面具，輕鬆的和伴侶嬉笑打鬧，直言不諱的和對方討論兩人的感情。兩人凹對凹總是包容相向，創造一個和諧的關係氣氛誠然不錯，可是在這種和諧氣氛的背後，二人又將自己的稜角藏在了哪裡呢？一個人不可能沒有稜角，也不可能磨平自己的稜角，因為磨平之後那就不是自己了。所以在這種和諧氣氛背後是另一層面具，一層包容的面具。而在面具背後則是被隱藏很深的稜角。

　　每一段幸福的親密關係都基於一個前提，這就是開誠布公。只有開誠布公才能了解最真實的對方，也才能讓這段關係

更加親密。而包容的面具則只會讓這段親密關係在和諧的偽裝下多了一層隔閡，變得不再親密。

親密關係不是超市裡的商品，丟了一個可以立刻就出門再去買一個。有時候錯過一個原本可以非常幸福的親密關係，會讓我們後悔終生。因此既然我們進入了親密關係，就要用心去經營，兩個人一塊去維護，去克服因為雙方稜角所引發的矛盾。就像一對配合非常有默契的齒輪一樣，你凸我凹，我凸你凹，這樣才能醞釀出一生的幸福。

世界上有一建立就是完美的親密關係嗎？答案是沒有。那麼世界上有完美的親密關係嗎？答案則是有。

每一段親密關係在建立之初都需要一定的磨合，親密關係的雙方需要應對種種之前沒有預料到的問題。所以剛建立的親密關係是不完美的。但是當所有問題都顯現出來之後，親密關係的雙方學會了相互適應、相互支持、相互包容，就像一對齒輪一樣，彼此適應了對方凸凹和節奏，這段關係就開始趨於完美。

很多人在親密關係破裂之後都會用性格不合來作為理由，但世界上又有多少人的性格是相合的呢？當我們進入親密關係之後，首先需要學習的就是相互體諒和包容。當然，也要學會幫助另一方去改掉錯誤的習慣，這才是真正的親密關係。

愛情就是這樣，需要雙方都有足夠的耐心，不要將出現的問題過度放大，用傾聽來代替爭吵，用包容來接納對方的稜角。

　　有時男人會因為工作繁忙、生活壓力太大而心情煩躁，缺乏耐心，有時也會因為不夠細膩，不懂感情而少了一些溫柔和浪漫。這沒有什麼大不了。壓力大的時候可以跟他講個笑話，讓他放鬆一下心情。不懂感情可以先製造浪漫和溫柔，為他做出示範，引導他學習。

　　而有時女人則會使點小性子，發發脾氣。這也沒有什麼大不了的。當女人使小性子發脾氣的時候，給她一個小驚喜，比如一束花、一盒巧克力等等，對方就能破涕為笑。

　　所以最好的配搭不是你為了他做了多少犧牲，拔掉了身上多少的刺，而是他強的時候你弱，你強的時候他妥協，像齒輪一樣緊密地咬合在一起。

　　我們做到這些之後，也許就會發現原來親密關係從沒有改變過，一直都像是最初我們體驗過的那樣甜美、幸福，只是因為我們過去沒有學會如何去無縫對接，讓親密關係這部機器完美順暢。

親密關係中的幾種「毒」

　　「你可曾見過這世間有一對完美的夫婦，真正的靈魂伴侶，沒有猜忌憤怒？我倒認識一對，就是結婚蛋糕上的兩個小人，因為他們從不需要面對彼此。」

——《慾望師奶》

每一段親密關係的開始都是甜蜜和幸福的，但是這種甜蜜和幸福並不一定能夠成就持續下去。如今的我們已經見識太多曾經如膠似漆，最後反目成仇的親密關係例子。那麼我們究竟該如何去做，才能讓自己的親密關係避免出現這種結果呢？

想要找到這個問題的答案，就需要先知道究竟是哪些因素成為親密關係中的「劇毒」，讓我們的親密關係走向終結。

★厭倦

相當一部分人建立起親密關係是因為新鮮感。但是從無比浪漫的戀愛向柴米油鹽的婚姻走去，雙方在一起的時間越來越久，對彼此的了解也越來越深刻，新鮮感和浪漫都開始退散。

過分的熟悉讓我們對感情感到厭倦，這種厭倦對於親密關係是致命的。如果我們無法意識到親密關係陷入了這種危機當中，那麼這段關係必然走向終結。

當親密關係中出現厭倦時，我們可以從下面幾種表現中有所察覺：

不再表達自己的愛意。在親密關係剛建立的時候，每天我們都會說一些甜言蜜語，還會試圖製造一些浪漫或者驚喜來送給對方。這些都是愛意的表達。如果當我們已經不再願意每天說一些甜言蜜語了，不再願意費盡心機的在一些重要的日子製造浪漫和驚喜的時候，此時親密關係很可能已經中了厭倦毒。

不再關注對方。處於熱戀時期的伴侶總是時刻關心對方的

一舉一動，無論是聊天軟體上更新的個人狀態，還是社群平臺上發的新貼文，伴侶總是試圖從這些資訊中揣摩對方的心思。如果伴侶不再關心這些，甚至不再關心伴侶每天都在做什麼，那麼也代表著這段關係已經中了厭倦毒。

只注意對方的缺點。每個人都有自己的優點，每個人也都有自己的缺點。在熱戀時我們通常更關注的是對方的優點，也正是因為如此，我們才能和對方走在一起。如果發現伴侶只開始注意我們的缺點，不再注意我們的優點，那也代表這段感情開始出現了厭倦。

不再溝通。在剛戀愛時，雙方通常有說不完的話，然而隨著時間的流逝，有時我們會突然發現自己和伴侶不知道從什麼時候起，兩人在一起除了必要的交流，已經不再溝通，即使一方有溝通的意願，另一方也總是敷衍了事，希望盡快結束對話，這也是厭倦毒的表現。

多數時候隨著時間的推移，親密關係的雙方並沒有發生變化，發生變化的只是我們的內心。當感情開始出現厭倦的症狀時，我們就需要開始警覺，開始採取行動，避免這種厭倦持續發展，除非我們想要結束這段感情。

★依賴

在親密關係中，雙方的關係應該是獨立平等。當然，這裡的平等並不是絕對的平等，在親密關係中是可以存在依賴的，

但是需要掌握好依賴的程度。

如果其中一方過於依賴另一方，這對於被依賴的一方就是不公平的，這份感情也是沉重的。長期如此，被依賴的一方就會不堪重負，最後選擇放手。

親密關係中的過度依賴，並不是簡單意義上的做什麼事情都要依靠對方，很多時候它是透過其他不易察覺的方式表現出來的。

比如親密關係的一方總是希望對方可以足夠愛自己，並且按照自己希望的方式愛自己。如果伴侶做不到這一點，他們就會將自己置於受害者的位置，然後指責對方不夠愛自己，不夠關心自己。

又比如親密關係中一方總是缺乏安全感，對另一方存在信任危機。他們一直都充滿了恐懼和擔憂，然而他們自己又無法處理這種情緒，所以就會將問題轉嫁到伴侶身上，希望能夠從伴侶身上尋找到安全感，但是卻總是失敗。原因很簡單，安全感不是來自於他人，安全感只能源自於自己，但是他們不知道，於是就將憤怒的情緒發洩在伴侶身上。

一旦親密關係陷入這種局面，被依賴的一方就會感覺自己像是被套上了枷鎖一般，徹底失去了自由。沒有人能夠長時間忍受這些，當忍受到達臨界點後，這段親密關係也就將結束。

★自私

自私是人類的本性，但是這種本性可以在後天的教育和學習中逐漸淡化。然而有的人卻沒有改變這一本性。

親密關係需要兩個人共同經營，當兩個原本獨立的人走到了一起，建立了一段親密關係之後，伴隨這段關係而來的必然是犧牲，每個人都要為這段關係而做出一部分的犧牲。如果其中一方太過自私，總是將自己的利益放在雙方的利益之前，那這段感情也就離結束不遠了。

當親密關係雙方只有一方願意為兩人的未來去打拚去努力，而另一方則只願意優先考慮自己，只想要享受和安逸，這種親密關係很明顯是不會幸福的，也絕對不會穩定。只有兩人共同努力，一起為兩人的美好未來奮鬥，才能保證親密關係的穩定和幸福。

★缺乏溝通

在厭倦毒中我提到過「不再溝通」，因為不再溝通是對親密關係厭倦的一種表現。然而有一種對親密關係威脅極大的毒是本身雙方就缺少溝通，這讓親密關係從一開始就走向了死路。

有人曾經問過我一個問題：「我在親密關係中付出了許多，一心想要維護好這段感情，同時我也能夠感受到對方也是珍惜這段感情的，但是最終還是以失敗而告終。這難道就是沒有緣分嗎？」

我的回答是：「也許你們不是沒有緣分，而是沒有溝通。」

有時在一段親密關係中，雙方都非常努力，都希望這段感情能夠幸福美滿，但結果卻總是事與願違，最終不得不在痛苦中結束這段感情。其實想要改變結局的方法非常簡單，兩人只需要進行一次溝通，問對方希望得到什麼樣的愛。

然而就是這樣一件簡單的事情，很多人卻從沒有做過，他們都在用自己認為正確的方式來愛對方，卻從沒有考慮過對方真正想要的愛是什麼樣的。

有人認為愛是一件非常簡單的事情，但我從不這樣認為。因為愛的方式有很多種，每個人希望得到愛的方式也各不一樣。如果我們發現自己得到愛的方式並不是想要的方式，那麼請和對方去溝通，去告訴對方自己需要什麼樣的愛，同時了解對方想要什麼樣的愛，不要讓兩人總是在猜測。

如果無法做到這一點，即使兩個人都非常努力，最終這段感情也不會有一個好的結局。

第 *8* 章
財富的祕密：個人與金錢的關係

▓拋卻固有偏見：金錢並不勢利，機會人人均等

「我相信全心全力的浸入，如果你想要有錢，你就要用這樣的想法武裝自己的腦子。你一定要清除掉所有會讓你成為一個窮人的思想，用新的想法 —— 那些能讓你發財的想法，將其取而代之。」

—— 《華爾街之狼》（*The Wolf of Wall Street*）

在開始關於金錢和財富這一章的內容時，我想先討論一下我們應該用什麼樣的態度來談論「金錢」。

人們羞於談論金錢。

人們會盡一切努力避免談論金錢，包括不限於：死不談論，我們談論生命，談論人生，談論愛情，談論事業，但是就不談論金錢。

當我們不得不談論金錢時，我們避重就輕地說「理財」，或者把我們的慾望加以粉飾為「做出自己的事業」、「追求自己的夢想」。

但是事業和夢想往往也和金錢息息相關。

　　承認吧，金錢是我們追求美滿人生的重要基礎，是我們實現夢想開創事業必不可少的一部分。

　　熱愛金錢並不可恥，首先我們要承認自己的渴望。承認金錢對我很重要。這是一切的開始。如果我們想要獲得一樣東西，至少得先正視它吧！

　　第二件事，是我們對於金錢的認知。

　　一次我在和一位朋友聊天的時候聊到關於金錢的話題，對於任何人來說這都是一個相當吸引人的話題，貧窮的人希望透過這個話題來找到發洩對於金錢的不滿，或者找到獲得金錢的途徑，富有者則希望透過這個話題讓自己的展示自己的成就，或者找到讓金錢變更多的方法。

　　和我聊天的這位朋友不算是貧窮者，也不算是富有者，而是處於兩者之間的位置，也就是我們常說的中產階級，不過這位朋友的心態則顯得要極端一些。

　　在聊天的過程中，她不斷抱怨當今社會貧富差距太大、階級固化、上升通道關閉之類的事情，抱怨金錢如今越來越重要，但是也越來越難以獲得。

　　不斷的抱怨甚至讓她對未來產生了恐慌，她非常擔心未來自己會成為一個貧窮者，會極度缺乏金錢，會按照達爾文（Charles Darwin）的進化論被社會逐漸淘汰。

　　我這位朋友對金錢的焦慮其實並不是特例，根據我的了解，

相當一部分的貧窮者或者中產階級都有類似的想法，他們抱怨金錢的不公，金錢好像一個「勢利眼」，只青睞已經富有的人。

他們認為社會發展的趨勢是：富有者像是「吸金石」一樣將不斷的吸取金錢，而貧窮者和中產階級因為自身對金錢的吸引力太小，所以金錢會不斷被富有者吸走，最後全部變成極度貧窮者。

這些人的擔憂和抱怨並不都是毫無根據的，貧富差距不斷加大是一個不爭的事實，同時也是一個世界性的問題。

但是其實我們每個人無論當下的境況如何，都有機會獲得金錢，並且機會是均等的。金錢的大門從來沒有選擇性的對某些人開啟，然後再對某些人關閉，它公平的豎立在我們每個人的面前，想要獲得金錢，我們需要做的就是上前推開金錢的大門。

一部分人站在金錢大門的面前勇敢地推開了大門，然後從大門中獲得了大量的金錢，這些人就成為世界上的富有者。與此同時，還有很多人總是站在金錢大門面前止步不前，忍受著貧窮和痛苦的折磨，這些人就成為了貧窮者。

為什麼這些貧窮者不願意推開金錢的大門，甘願忍受貧窮痛苦的折磨呢？

事實上沒有人願意忍受折磨，這些貧窮者之所以站在金錢的大門前止步不前，只是因為他們認為金錢的大門已經關閉並

且上了無數道鎖，自己是絕對無法推開的，所以他們只能在大門外徘徊，而事實上，金錢的大門雖然是關閉的，但是卻沒有鎖，只要有人願意嘗試就可以推開。沒有人因為金錢的大門對其徹底關閉而受到貧窮的折磨，只是有人因為種種原因不願意去嘗試而成為貧窮者。

很多人總是以為獲得金錢的所有途徑都已經被富有者所壟斷，並且將這些途徑用層層高牆保護了起來，而自己只站在了高牆之外，所以根本沒有獲得金錢的希望。但實際上，這些人只是被自己的思維高牆所限制住，讓自己徹底放棄對金錢的追求。

雖然競爭日益激烈是未來的趨勢，但是只要我們願意認真尋找，依然可以找到獲取金錢的途徑，那些富有者還沒有發現的途徑，正是我們可以大顯身手的地方。一旦我們找到這樣的途徑，就應該將自己的全部資源投入進去，而不是將自己的資源投入在那些競爭激烈的領域中，此時我們就會發現自己的金錢將會以極快的速度增加。

每個人都有獲得金錢的機會，但並不是每一個人都可以抓住機會。所以無論是富有者還是貧窮者，都擁有獲得金錢的機會，貧窮者並沒有被富有者剝削，貧窮者也不見得在各個方面都要遠遜色於富有者。貧窮者之所以和富有者擁有的金錢相差非常多，只是因為他們沒有抓住和自己擦肩而過的獲得金錢的機會。

在美國的《獨立宣言》(*United States Declaration of Independence*) 中有這樣一句話：人人生而平等，造物者賦予他們若干不可剝奪的權利，其中包括生命權、自由權和追求幸福的權利。

這裡所提倡的就是每個人來到這個世界上都是平等的，而我們從世界三大宗教中都可以找到類似的概念，所以說，這句話也是大多數人所信仰的。

每個人生下來的確都是平等的，但是人和人之間又是不平等的。雖然每個人看上去大致上都是相同的，都有一雙手、一雙腳和一個大腦，並且都是父母的摯愛，在父母的呵護下長大。但是不同人之間的思想卻有著極大的差異。這種差異，我們從外表無法看出，但是它確實存在，並且非常明顯。也正是因為人和人有了思想上的差異，所以才造就了貧窮者和富裕者。

當我們深陷貧窮的時候就會抱怨。抱怨社會不公、抱怨金錢不公、抱怨運氣從來就沒有站到自己這一邊，然後認為上天偏袒富有者，讓好運氣都在富有者那裡，並且幻想假如上天將好運氣給了自己，那麼自己的金錢絕對要比現在的那些富有者更多。

但是我們這樣思考的時候，卻只關注了自己和富有者相同的地方，比如有著外觀大致相同的身體，卻沒有注意到自己和富有者在思想上的差距。

我一再強調金錢對於每個人都是平等的，就看我們是否能

夠抓住獲得金錢的機會，貧窮者和富有者的區別也不能從外觀上去發現，抓住機會需要我們用思想來進行。

我們需要做的，就是改變自己的思想，去緊緊抓住那些稍縱即逝的機會，依靠自己的思想來獲得金錢。

那些整日哀嘆上天不夠眷顧自己的人，金錢的大門早已對他們徹底關閉。很多時候，機會就是在我們不斷哀嘆和抱怨中溜走，然後去尋找那些不哀嘆、不抱怨，並且願意動用思想來尋找機會的人。

即使是在烏托邦社會中，金錢也不是平均分配的，而是根據每個人的價值大小而獲得。我們不會因為有人的價值高獲得更多的金錢而變得貧窮，屬於我們的那份金錢一直在原地等待著我們去發現。富有者可以做到的事情，我們同樣也可以做到，只要我們時刻做好準備迎接機會的到來，不要錯過任何一個獲得金錢的機會。

成為富有者：一項罕見且可以被習得的技能

> 「總有人要贏的，那為什麼不能是我？」
>
> —— 柯比（Kobe Bryant）

曾經我看過一個 NBA 前球員柯比‧布萊恩（Kobe Bryant）的訪談，在談到自己的職業生涯時，已成為籃球史上傳奇人物

的柯比說：「總有人要贏的，那麼為什麼不能是我？」

我從這句話裡感受到了柯比那種非凡的自信。沒有信心，你就什麼也辦不成。換成金錢也是如此。總有人要成為有錢人，那麼，那個人為什麼不能是我？

一次和朋友聊天的時候，朋友嚴肅地向我提問：「這世界上有三個字對我們來說是非常危險的，你知道是哪三個字嗎？」

我想了半天沒有想出答案。然後朋友告訴我這三個字就是「我知道」。

我問：「為什麼是這三個字？」

「因為我們經歷過，所以才會知道。如果我們只是聽說過、看到過、了解過，我們還不是真正的知道這些事情。因此，如果我們在金錢上並沒有達到理想的狀態，那麼我們就還有很多東西需要我們去學習。而當我們明明不知道一件事，卻自以為自己知道時，這就陷入了一個很危險的境地，因為我們將會拒絕學習。」

朋友在回答完之後繼續對我說：「如果你對現在自己的狀態不滿意，這表示有一些事情你還不知道，所以去學習吧。」

有時候，我們想要證明自己所做的一切都是正確的，於是就替自己帶上一個「我知道」的面具，大聲的告訴其他人，所有的事情我都知道，現在自己的不如意只是暫時的，只是因為倒楣而已。這其實就是一種自欺欺人。

★成為富有者的重要方法：學習

有時我們會為自己尋找不學習的藉口，比如我沒有時間，我沒有精力，所以我無法學習。然而，據我了解，大多在金錢方面較為寬裕的人都明白：如果一個人一直保持無知，那麼他只能保持一直貧窮。

每個人都聽過「知識就是力量」這句名言，是的，知識可以轉化為力量，而力量可以幫助我們脫離貧窮，讓我們在金錢上有所收穫。

所以為了成為一個富有者，獲得想要的金錢，一個非常重要的方法就是不斷學習。學習如何管理我們的金錢。因為管理金錢需要一定的技能，只有擁有這項技能，我們才能讓自己的金錢持續增加，而不是讓自己的金錢始終保持不變或者在不斷的減少。

成為富有者是一項技能，這項技能和打籃球、彈鋼琴的技能沒有本質上的區別，也許我們一開始在這方面表現得非常差勁，但是這並不能代表我們就無法學會這項技能。就像沒有人一出生就會打籃球，所以成為籃球運動員需要學習；沒有人一生下來就會彈鋼琴，所以成為鋼琴家需要學習。

管理金錢也是如此，沒有人一生下來就是財務天才。每個富有者都曾經努力學習如何在獲取金錢方面獲得成功。既然有人可以透過後天的學習，學會管理自己的金錢，那麼我們每個

人也應該可以做到。

★向有實際成績的人學習

　　富有者不僅自己不斷學習金錢方面的技能，他們還善於向他人學習。

　　當然，他們並不是誰都學習，不是向一些所謂「專家」學習，而是向那些自己想成為的人學習，向那些已經獲得實際成績的人學習。富有者非常希望從這些人身上學習經驗，希望獲得這些人的忠告。

　　我的朋友告訴過我這樣一個故事：一位登山者想要登上聖母峰，為了保證自己的安全，他開出高薪想要聘請一位專業的嚮導，結果很快就有嚮導前來應徵了。一見面，這位嚮導就拿出了一堆相關資料，證明自己是一個非常專業的登山嚮導，然後將登聖母峰的裝備選擇、登山路線、攀登方法、注意事項等等問題介紹得非常清楚。

　　可以看出這位嚮導為此次應徵做足了功課，同時在登山知識方面也非常專業。然而登山者聽完嚮導介紹之後，只是問了一個問題：「你登上過喜馬拉雅山嗎？」登山者立刻沒有話說了，很明顯他沒有登上過。登山者也很自然的將他禮貌地送了出去。

　　這個故事有點好笑，是啊，我們如果想要登上聖母峰，會請一個沒有登過的人當嚮導嗎？當然不會。學會獲取金錢也是如此。

我剛才說過，成功也是一種技能，每一種技能都可以透過學習獲得，但是也只能向那些已經會這種技能的人學習，比如很多運動的教練都是由曾經的運動員退役擔任的。

所以我們想要獲得成為富有者，就必須不斷的學習，包括向他人學習。但是我們不需要向那些擁有足夠理論知識的人學習，我們需要向那些已經成為富有者的人學習。

★培養自己成為成功的人

現代人大多都將成功和金錢劃上等號，雖然這種看法並不準確，但也有一定的道理，因為很多人想要成功的原因就是因為金錢。

事實上，想要成為一個富有者，我們必須讓自己快速地進步，成為一個成功的人。這裡的成功並不是指物質上的成功，而是思想和品格上的成功。

當我們在思想和品格上成為了一個成功的人，我們自然就可以在自己做的每一件事情上都獲得成功，我們也就有了選擇的權利，因為我們知道無論選擇什麼，自己都將成功，都將因此成為一個富有者，這也對應了一句俗語：是金子總會發光的。

假如我們沒有在思想和品格上成為一個成功的人，但是也成為了一個富有者，擁有大量的金錢，那可能是因為我們的運氣很好，但是這種富有很難長期持續。而如果我們在思想和品格上成為了成功的人，我們不但能夠創造財富，成為一個富有

者，還能夠維持這種狀態，並且讓我們的金錢不斷增加。

因此成功和金錢的正確關係應該是：我們首先要成為一個成功的人，就能夠去做自己想要做的事情，然後獲得想要的金錢，成為一個富有者。

而不是一些人認為的：我們成為一個富有者，才可以去做想要做的事情，然後再成為一個成功的人。

累積財富第一課：
忘記那些不切實際的「人生夢想清單」

「人生最痛苦的事情，你知道是什麼嗎？人死了，錢沒花掉！」「人這一生最最痛苦的事情，你知道是什麼嗎？就是人活著呢，錢沒了！」

—— 知名喜劇表演者

理想很豐滿，現實也很骨感。骨感的現實會讓我們產生一種深深的挫敗感，為了抵抗這種挫敗感，我們可能買無數本勵志書，將書中主角作為自己比較的對象，然後信心滿滿的制定一系列的學習、工作、實現夢想的計畫。

但是現實總是和計畫出入，不同的計畫將我們的所有空閒時間安排地滿滿的，但是最終我們卻發現自己根本沒有足夠的時間和精力去執行這些計畫，因為對於在金錢方面較為匱乏的

人來說，當下最重要的事情是解決自己的溫飽。

如今無論我們現狀如何，基礎如何，總可以找到一些和自己相對應的勵志故事激勵自己，從而讓我們相信未來有無限的可能，並且自己必然能夠功成名就、財富滿滿。

因此即使我們現狀可能是連維持生存都很艱難，但是卻有一個長長的「人生夢想清單」。清單上也許寫著環遊世界、極地旅行、攀登聖母峰、建立上市企業、成為億萬富翁等等。這樣的我們，看上去似乎是一個有膽量有理想並且前途遠大的年輕人。

但是可能在這些理想的另一面，現實卻是結果完全相反的情況。也許我們正在為下個月的房租發愁；也許我們一年存的錢都不夠付登喜馬拉雅山的許可證；也許我們還在為尋找工作而一籌莫展。

★加大進水，減小出水

有人曾對我說：「吸引力法則告訴我們，誠心的想要什麼就可以得到什麼。」是的，吸引力法則的確如此，但是吸引力法則要應驗，需要一個基礎：我們能夠將思想和精力集中在一個區域的基礎上。我們能夠同時去關注數個人生理想嗎？不能。

所以更多時候，現實是我們擁有多少價值，就能得到多少金錢，甚至會得到少於我們價值的金錢。在這樣的現實中，我們很多人卻不知道自己應該如何創造更多價值，反而有強烈的

提前消費慾望。

　　我們可以將自己的金錢看做是蓄水池中的水，這個蓄水池有一個進水口，還有一個出水口，當從進水口進入的水大於從出水口出去的水時，我們的金錢就會越來越多。反之也是同樣的道理，出水大於進水，我們就會越來越貧窮。這個比喻非常有畫面、非常簡單，每個人一聽就可以懂。

　　不過雖然每個人都明白這個淺顯的道理，但是現實卻和我們希望的正好相反。如今我們所處的社會是一個消費社會，整個社會都以消費為中心，而眾多商家也在不斷想出新方法來激起我們消費的慾望。

　　很明顯，在商家精心策劃、促進我們消費的手法面前，大多數人都無法抵擋，從而造成我們金錢的出水大於進水，讓我們總是處於貧窮狀態。

　　既然我們已經知道了在金錢方面匱乏的原因，那麼我們需要做的就是盡可能的減少金錢蓄水池的出水，然後將自己全部的資源用於擴大蓄水池的進水上。

　　不過，現實是我們每個人的自控能力都是有限的，而周圍又有無數事情在分散著我們精力和時間，其中很多事情都是在讓我們的金錢蓄水池出水，這就讓我們很難嚴格按照自己的計畫進行，並且我們還會受到因為提前消費產生的負債影響，讓我們無法專心去提升自己，擴大金錢進水口。所以想讓我們的

金錢蓄水池充裕起來，首先要做的就是先嚴格控制出水口，然後再去擴大我們的進水口。

嚴格控制金錢的出水口，非常重要的一點就是杜絕不必要的提前消費。信用卡、各種分期服務時刻都在誘惑我們進行提前消費，但是很多時候，我們進行的提前消費都是沒有必要的，比如為了購買一件和自己月收入相當的名牌衣服而進行的提前消費，比如為了讓自己跟上潮流所以提前消費購買了一款新型電子產品，這些都是不必要的，我們需要杜絕的也正是此類提前消費。

和所有改變一樣，這同樣是一件非常困難的事情。對於很多在金錢方面並不富裕的人來說，杜絕不必要的提前消費就意味著徹底改變自己的消費觀念。但是為了讓自己的金錢緩慢的增加，這是必須要經歷的過程。

控制金錢的出水口還需要明白一點：我們是無法透過消費來獲得進步的，只有專注提升自己，才能讓我們獲得進步。我們很多人對金錢都有深深的渴望，並且意識到提升自己對於自己日後金錢方面的情況非常有幫助，但是也正是這種渴望，很容易讓我們掉進一個消費陷阱當中：為了提升自己，願意花費大量的金錢。

我不否認提升自己需要一定的投入，這也是必要的。但是很多時候，我們卻是為了提升自己花費了大量的金錢，但是最

後卻完全沒有任何的效果，反而是增大了我們金錢的出水口。比如我們會為了提升自己買大量的書籍，但是最後卻一本都沒有看過；又比如為了提升自己，我們花費高昂的學費去聽一些所謂的「專家」華而不實的成功學培訓，學習了一大堆的知識，但是生活卻並未因此改變。

　　為什麼？因為我們錯誤的以為花錢就可以提升自己，並且花費金錢的多少和自己提升的程度成正比，所以我們在這方面花錢毫不吝嗇，這一點和如今很多家長對待孩子的教育非常類似。但是我們卻從沒有了解到，提升自己最關鍵的不是在投入的金錢上，而是在我們自己的身上。如果我們不能嚴格要求自己，將所學習到的理論變為自己的行動，那麼一切所謂的提升都是毫無意義的，只會浪費我們的時間和金錢。

　　所以不要過分放大金錢對提升自己產生的作用，不要讓提升自己成為無謂擴大金錢出水口的理由。如果我們在之前曾經為了提升自己而花費了大量的金錢，那麼我們就需要思考，自己的投入和產出是否成正比，投資的收益率究竟是高還是低？

　　此時我們再來看之前提到的很多人都擁有的長長「人生夢想清單」，很明顯，在那上面的很多夢想，都只是在浪費我們有限的資源，成為我們金錢的出水口。這些不切實際的人生夢想，讓我們總是在羨慕他人的生活，讓我們不滿意現在的一切，讓我們討厭自己所擁有的一切，也讓我們不斷的迷失自己未來的方向。

雖然我也擁有夢想，但是我沒有不切實際的「人生夢想清單」，因為我知道自己的金錢、時間和精力都是有限並且非常寶貴的，所以我只能將它們投入在最需要的地方，而不是投入在整張「人生夢想清單」上。

有夢想是好事，人需要夢想。但是大多數人的經歷都告訴我們，在設定人生夢想的同時也需要考慮現實。是時候該替自己的「人生夢想清單」減重了，讓我們集中自己有限的資源，朝著一個符合現實的夢想前進。

現在就開始行動：付出行動的三個層次

> 「我說的是三隻小鳥想飛上天，又沒有說已經飛上了天。」
>
> —— 來自童年夥伴的腦筋急轉彎

我一直記得童年的某一天，我的玩伴提出的一個腦筋急轉彎：

在一棵大樹上站著四隻小鳥，這四隻小鳥都出生沒多久，雖然已經學會了飛行，但是大多數時間還是在樹枝上等待父母的餵養。這天天氣非常好，四隻小鳥中有三隻小鳥看到天空中有其他小鳥在飛翔，牠們也想一起飛上天。那麼請問樹枝上面還剩幾隻小鳥？

當時年幼的我立刻高聲回答說：「還剩一隻。」

玩伴聽了之後哈哈大笑，然後對我說：「笨蛋，還剩四隻。」

我不服氣地問：「怎麼可能還剩四隻，不是飛走了三隻嗎？」

玩伴理直氣壯地回答說：「我說的是三隻小鳥想飛上天，又沒有說已經飛上了天。」

我頓時啞口無言。

三隻小鳥想飛上天，但是又沒說已經飛上了天！

我一直記得這句話，而在我的人生閱歷已經比較豐富的今天，再看這句話就有了新的意思。現實生活中的確就是如此：想一件事情的人很多，但是做一件事情的人卻要少很多，所以，想並不代表就會去做。

我們大多數人對待金錢的態度正是如此：雖然每個人都想獲得金錢，但是並不是每個人都願意付出行動。很多人十分想要擁有金錢，甚至晚上做夢都會夢到金錢，但是他們的生活卻並沒有因此改變。因為他們沒有為自己的想法付出任何行動，或者付出的唯一行動就是去購買彩券。然後再因為貧窮而抱怨生活，抱怨自己沒有能夠獲得金錢的運氣。

我們可以有各式各樣的想法，因為任何事情的完成都最先開始於想法。但是在我們只有想法卻沒有行動之前，這一切都只是空想而已。直到我們開始行動，人生才會發生轉變。

我們都想要擁有金錢，但少有人為之付出行動。

曾經我認為金錢對於人生並不重要，但這並不代表我不追求金錢。因為在我看來，金錢不過是活在當下必須具備的物品，並沒有其他更多的價值。

然而隨著我的經歷增多，對金錢的態度也發生了變化。開始意識到金錢是重要的。認為金錢重要和拜金沒有任何關係，因為每一個富有者都是看重金錢的人，但是他們看重的並不一定是金錢能夠帶來的享受，他們之中很多人是將金錢看做是衡量自己價值的標準。

「想擁有鉅額的財富，不想成為一個窮困潦倒的人。」

我想，這個想法是如今大部分人所共有的。雖然我也相信，有極少的一部分人能夠真正不受到金錢的誘惑，但是絕大部分人是無法做到這一點的，因為金錢在當今的社會實在是太重要了，脫離了金錢，我們幾乎寸步難行。

然而在這個世界上，有錢人終究只占很小的一部分，全世界 90% 的財富都只掌握在 1% 的人手中。當我們詢問一個人是否想要獲得金錢的時候，每個人都會非常堅定的告訴我們想要，但是為什麼卻只有少部分人能夠獲得鉅額的金錢？

當我們願意為金錢付出行動時，這是一個好的開始，但這並不代表我們一定就能夠實現想法。因為付出行動也分為三個層次。

★第一層：如果金錢掉到我的面前，我會撿起來

在願意為金錢付出行動的人群當中，有很多人願意為金錢付出的程度就是「金錢掉在我面前，我願意撿起來」。

當我們意識到只有空想是不可能獲得金錢的時候，就會開始為之付出行動，並且確實付出了行動。但是我們也僅僅是付出了行動而已，並沒有付出辛苦和努力。我們說的要遠比做的多得多，所以當我們處於這種狀態時，只有金錢就在我們的面前，我們才會撿起來。比如去購買彩券，我不否認這是為了獲得金錢的一種行動。因為雖然彩券中大獎的機率都是千萬分之一，但是如果不去購買彩券，那麼連千萬分之一獲取金錢的機率也沒有。

又或者，想到一個賺取金錢的方法，然後草草展開行動，卻從沒有真正將精力放在行動上。此時，與其說我們為金錢付出了行動，更像是我們為了安慰自己而付出了行動。我們不甘於碌碌無為，卻又不願意為想要的東西付出，然後就用「已經嘗試過」聊以自慰。

★第二層：如果金錢在前方五十公尺，我會加速衝刺撿起來

絕大多數時候，付出和收穫都是成正比的，這也就意味著，我們想要獲得金錢就必須付出努力。當我們意識到這一點的時候，就進入了為金錢付出的第二個層次。

處於這個層次的我們，不再對金錢抱有不切實際的幻想，

比如總幻想自己能夠獲得意外之財。於是我們開始朝著金錢的方向一路狂奔，但此時我們對金錢的態度依然不夠堅定。雖然我們願意付出努力，但是我們依然會在狂奔的過程中思考，為了金錢我這麼付出值得嗎？為了金錢我犧牲了健康怎麼辦？為了金錢我們失去了朋友怎麼辦？金錢是賺不完的，所以我還是不要太拚了吧。於是我們就悄悄放緩了前進的步伐。

然而我們真是擔心健康、擔心失去朋友嗎？事實上，大多數時候，這些都只是我們為自己尋找的藉口，因為我們不願意付出更多的辛苦和努力。

★第三層：我致力於獲得金錢

什麼是「致力於」？「致力於」就是在道德和法律的規範內，我一心一意為獲得金錢而努力，沒有任何藉口，也不允許失敗。

也許會有人對我說：「我已經很努力了，我每天都在加班，但是在金錢方面依然不成功。」

對於有這樣想法的人，我只能說你還沒有明白「真正致力於獲得金錢的意義」。

致力於獲得金錢，並不是要我們一天除了保持最低睡眠標準以外，將其餘的時間全部投入到工作當中。因為獲得財富，可不只是拚命工作就可以！

更重要的是，它還需要我們靈活動用自己的大腦。

那些真正致力於獲得金錢的人，並不一定是勞動楷模式的人物，但是他們的大腦卻總是在高速運轉，時刻提醒自己目標所在！然後為了實現自己的目標，製造出一個又一個獲得金錢的想法，然後努力去實踐這些想法。

也許其中有很多方法都是沒用的，又或者是失敗的，但是只要沒有達成自己的目標，他們就不會停止努力，他們會繼續不停地嘗試，直到實現了自己的財富目標。

★得效率者得天下

很多人都曾經對我說過，他們非常渴望獲得金錢，但是在獲得金錢的道路上卻一直不順。

他們明明有明確的目標，有抓住機會的心態，但是在實際朝著金錢的大門前進時，卻總感覺缺少時間和精力，「心有餘而力不足」。

對於向我提出類似問題的人，我的回答只有一個：「你缺乏的只是效率。」

也許有人對我給出的這個答案不屑一顧，認為只想擁有高效率，卻不想著努力加班，將自己一切可用的時間都投入到工作中，這樣怎麼可能成為富有者？我不否認在獲得金錢的道路上需要我們努力工作，但是我們還需要明白一點：只是依靠努力工作是很難讓我們成為富有者的。

在如今這個快節奏、高壓力的時代，全世界有無數的人，每天都在為了自己心中想要得到或者想要守護的東西而努力奮鬥，他們將工作看做是自己人生中最重要的事情，他們為了工作拚盡全力，不惜以犧牲自己的健康和與家人共處的時間為代價。但是結果呢？這些人都實現自己的目標，成為富有者了嗎？大多數人都沒有，他們雖然拚命的努力工作，但是依然無法成為富有者，始終在金錢的大門口徘徊。

我們再來看另一種景象，無數富有者雖然擁有鉅額的財富、龐大的企業，但是有時他們卻經常在工作日出現在鄉間高爾夫球場上、豪華遊艇的駕駛艙裡。和那些整日工作十幾個小時的人相比，這些富有者過得實在是太輕鬆了，但是他們擁有的財富卻遠超那些埋頭努力工作的人，其中很重要的一個原因，就是他們盡可能地去選擇做高效率的事情，也就是那些能夠為他們帶來更多金錢的事情，盡量不去做那些低效率的事情。

現在再回到我們自己身上。

當我們有了明確的目標、有了抓住機會的心態後，接下來需要做的就是每天都堅持努力朝著目標前進，要相信總有一天可以實現自己的目標，獲得大量的金錢。

但是我們在追求金錢的道路也不能過於心切。我們不能為了快速獲得金錢就拚命的加班努力，因為我們必須靠思考關於效率的問題，這也是獲得金錢的關鍵所在。每個人的時間和精力都是

有限的，只有我們確保自己所做的每一件事情都足夠有效率，最終才能實現自己的目標獲得金錢。當我們能夠確保效率之後，就會發現原來獲得金錢並不是我們想像的那樣痛苦和複雜。

所有人在做事的時候都希望自己可以付出得少、收穫得多，而不想辛苦的付出卻只得到較少的收穫，這就是做事效率的差別。在追尋金錢上我們也應該如此，所以我們需要將自己有限的時間和精力，放在一個有助於獲得金錢的事情上，不要在其他無助於獲得金錢的事情上消耗太多，並且保證自己不要精疲力盡。因為從效率上考量，當我們的精力處於枯竭邊緣時，做事的效率將會大大降低，一旦精疲力盡之後，想要恢復也需要大量的時間，所以明顯這不是一個提高效率的方法。

明白這些之後，我們在做任何一件事情之前都要先問自己幾個問題：這件事情是否有助於我實現自己的目標更進一步？做這件事情需要我投入多少的時間和精力？做這件事情能夠為我帶來什麼樣的收益？如果在思考之後，這些問題得到的答案都是讓我們滿意的，那麼我們就可以著手去做了。但是如果得到的答案是我們不滿意的，那就需要慎重去考慮，因為我們去做了，很可能就會得到事倍功半的結果，甚至完全沒有功。

就像精明的商人一樣，他們每做一筆生意前都會精打細算，確保付出可以為自己帶來收益，事倍功半的事情他們是不會去做的。對於我們來說也是如此，只有對於每件小事都堅持

如此，這樣才能夠獲得金錢的青睞。

也許有人對於每件小事都要仔細考量感到不屑，那是因為他們不知道成功就是由無數的小事累積起來得到的，並且根據吸引力法則，當我們願意做並且正在做那些高效率的小事時，它們將吸引更多的高效率事情靠近我們。

每一件事情都分高效率和低效率，所以舉例說明並沒有太多意義。但是在這裡，我想說一個所有富有者都會做的一件高效率事情，那就是放棄用時間來換取金錢的方式，因為這是一種效率極低的方式，轉而採取使用金錢來換取更多金錢的方式，這才是真正高效率的獲取財富途徑。

我在前面提到獲得財富需要我們拚命工作，但是對於那些掌握了高效率做事原則的人來說，他們拚命工作的狀態只是暫時的，而對於不懂高效率原則、只想靠自己拚命賺錢的人來說，這種狀態就是持久的。

懂得高效率原則的人在拚命工作賺取一定的金錢之後，他們就利用手中的金錢去工作，讓金錢取代自己去拚命工作，而自己所要做的就是操控金錢。

也許有人看到這裡突然想起來：這不就是我們經常說的財務自由嗎？是的，這就是我們常說的財務自由。大多數人對金錢的追求，最終目標都是為了實現財務自由，而實現財務自由的通俗定義就是：你的資產產生的被動收入等於或者超過你的

開銷，此時就可以成為財務自由。而資產產生的被動收入從某種角度來看，就是透過操控金錢獲得的收入，股票、房地產、基金之類的收入都是如此。

所以在貧窮者眼中，一塊錢就是一塊錢，它只能購買一塊錢的東西，沒有其他意義。而對於那些富有者或者懂得高效率原則的人則不同，在他們眼中，一塊錢就是一粒種子，當他們精心培養照顧這粒種子一段時間之後，一塊錢的種子將可能變成一百塊錢，然後他們會繼續再將這一百塊錢變成種子，培育出更多的金錢。

現在我們已經懂得了金錢的高效率原則，現在需要重新面對自己的工作和金錢了，然後制定一個全新金錢計畫，讓金錢代替自己去工作。

終極密碼是信心： 我沒有任何理由不接受原本屬於我的財富

「要表現得像是一個現成的高富帥一樣，這樣你就會肯定變成真的高富帥。要表現得你有無敵的信心，這樣人們自然會對你有信心。要表現得你有無與倫比的經驗，這樣人們才會聽信你的意見。要表現得像是已經獲得極大成功的人，這樣你最終會和我一樣獲得成功。」

——《華爾街之狼》

有太多人在金錢這件事上缺乏信心了，他們最常說的話是：是你的就是你的，不是你的就不是你的。

有次，我和一個朋友談起我們共同的朋友，這位朋友和我們一起長大，在大多數人眼中，從小他就抱著自己不是一般人的自信，長大以後，他果然有了一番作為。

在談起他時，我誇獎他的能力和努力。我的朋友卻說：這都是命。

我可不這麼認為啊！當我們認為別人的成功和富有是命時，我們就會忽視他的努力。更可怕的是，我們會把別人的成功當做命，就意味著我們也會把自己的失敗當做命，把自己不富有的當下當做我們的命運。

命運是由自己書寫的。所有成功者都堅信這一點，而我要告訴你的是：金錢對我們是這樣重要，而要獲取金錢，我們首先要擁有「自己可以獲得金錢」的信心。

你要相信：這個世界上一定會有一大筆財富，是屬於你的。而你所有的努力，就是要拿回屬於自己的財富！

★信心是每個人的終極財富密碼

現在我們已經對金錢有了足夠的了解；知道每個人都擁有獲得金錢的機會；知道了獲得金錢需要我們的行動而不只是想法；知道了想要獲得金錢，需要我們不斷學習；知道擴大金

錢進水口，控制金錢出水口；知道了在獲得金錢的道路上，高效率是非常重要的原則。那麼現在我們就可以開始自己的追尋財富之旅了？等一等，我想還需要再說一個獲取金錢必備的東西，這就是信心。

無論我們想要做什麼事情，在開始做之前，信心都在相當程度上決定我們最終是否能夠獲得成功，這是一個比任何財富技巧都重要的東西。所以在開始追尋財富之前，我們必須對自己有充足的信心，當具備這個條件時，我們就有了成為富有者的基礎。

「每個人都可能成為富有者」，這並不是一句宣傳口號，也不是鼓勵用語，而是事實。我們有時會在自己的周圍發現這樣的人：他們有足夠的能力、準確的判斷力、正確的思維，但是卻沒有成為富有者。對於這類人，通常我們會用時運不濟來表達自己心中的感嘆，可是也許讓他們無法成為富有者的並不是時運，而是信心。

為什麼如今有無數人都無法擺脫貧窮，因為他們從最開始就相信自己是一個天生的貧窮者，相信所有通向財富的道路都已經封死。並且他們不斷的透過抱怨，來向自己重複這個信念，最終將它變成了現實。

沒有哪個人的人生是一帆風順的，這句話我強調過很多次，它適用於我們所有人，創造財富的過程也同樣是如此。

在創造財富的過程中我們會遭遇失敗、挫折、打擊、嘲笑等等，如果我們沒有足夠的信心，那麼當我們遇到這些事情時，就會因為害怕再次遇見相同的情況，而不願意再做出嘗試，這就等於我們主動放棄追尋財富的夢想。

並且當我們對一件事情有足夠的信心時，我們的能力得到超常的發揮，從而做到一些平時看起來不可能的事情，這也讓我們獲取財富變得容易了很多。反過來也是相同的，當我們做一件缺少信心的事情時，我們擁有的能力就無法充分發揮，一些平常看起來非常容易的事情，此時做起來也將變得十分困難，此時通往財富的道路就變成了荊棘叢生。

我曾不只一次在一些失敗者的口中聽過這樣的話語：「我在第一次做這件事情時就感覺不可靠」、「我在沒有做之前就已經考慮到會得到失敗的結果」等等。這些人在做一件事情之前就抱著「我不認為能夠成功，不過還是嘗試一下吧」的態度，所以對於他們成為失敗者，我一點都不奇怪，反而是他們成功了我才會覺得奇怪，不過至今還沒有見過在這方面讓我感到奇怪的人。

很多時候，事情的成功與失敗就在我們的一念之間，信心就是這一念。相信我們會成功，那麼最終事情的結果就是成功。信心決定了我們可以獲得的成就大小。而那些相信自己天生是貧窮者、自己無法獲得財富的人，只能一直成為貧窮者，因為他們不相信自己能夠富有，所以他們就一直貧窮。

如果我們注意了解過當今著名的那些富有者就會發現，也許他們擁有的財富大小不同、性格秉性不同、為人處世方式也不同，但是相同的就是他們相信自己擁有極大的價值，所以他們就能夠創造極大的價值；他們相信自己能夠解決一切難題，所以當難題出現時，他們就真的都解決了；他們相信自己能夠成為富有者，所以他們就真的成為了富有者。

有時我們需要時常提醒自己：你遠比自己想像的要出色，你能夠成為一個富有者。那些成為富有者的人並不是超人，他們和我們一樣，一天也只有 24 小時，每天也需要吃飯睡覺，他們沒有命運之神的眷顧，也沒有神奇的致富祕訣，他們有的不過是正確思考金錢的思想、一些獲得金錢的技巧和對自己成為富有者的信心。

我們每個人的行為都源自思想，如果我們想像自己只能獲得小成績，那麼得到的就是小成果，想像我們能夠獲得大成績，那我們就會有大的成功。

信心讓我們相信自己擁有能夠實現目標的能力；自信讓我們不僅僅是讓目標成為我們頭腦中的一個想法，而是讓目標化作我們行動的動力；自信讓我們知道只要自己堅持前進，心中的目標最終都可以透過雙手實現。

已經有無數人、無數故事證明了信心對我們的作用，那麼為什麼信心會擁有這麼大的力量？雖然有無數人試圖解釋清楚

這個問題，但是都沒有得到一個準確的答案。其實為什麼信心能夠擁有這麼大的力量並不重要，重要的是我們要知道它擁有力量，並且可以學會使用這種力量。

我們不需要總是認為自己和富有者之間有一道不可跨越的鴻溝，其實也許我們缺少的只是讓自己成為富有者的信心。當我們懷揣著成為富有者的堅定信心時，不用再猶豫，這就是我們踏上尋求財富的最好時機。

最後還是以電影《華爾街之狼》的一段話做結尾吧：

「如果你想發財，永遠不要放棄。人總是想著放棄。如果你堅持了，你就會出人頭地，勝過絕大多數人。更重要的是，你要明白：當你努力做事時，你可能會失敗。但是，失敗並不是因為你是一個天生的失敗者，而是因為你還沒有完全摸到門道。每次用不同的方法去嘗試。總有一天，你會完全弄明白的。失敗是你的好朋友。」

第 *9* 章
逆境中的轉機：成爲宇宙的焦點

我才是我宇宙的中心

「你連自己都不愛，又怎麼可能愛別人呢？」

—— 聰明的你回答我

「我最感興趣的是……」

「我新買了好多化妝品，每個都是限量版……」

「我去法國玩的時候……」

「我的老師對我說……」

「他們都特別喜歡我……」

我對面的女孩還在喋喋不休地說著，我一邊假裝不經意地看看手錶，一邊默默地嘆了口氣。她已經不停地說了 45 分鐘，可怕的是，在這個過程中，我一言不發也有 45 分鐘了。

我一直在想，她什麼時候會發覺我已經很久沒有說過話了，但是她竟然一直沒有發覺。在她喋喋不休的過程中，幾乎每一句話中都有一個「我」，每一個話題都是圍繞她自己。

剛開始的時候，我還有心情回應她：真的嗎？是嗎？那太好了。

後來，我乾脆不再說話，看她什麼時候會發現，但是遺憾的是她始終沒有發現，而那些話題在她自己身上轉來轉去，結構精巧，無縫對接。

一直以來，這個女孩對我來說都是滿特別的存在：這位女孩的父母都是商人，家境殷實，相貌娟秀。畢業於藝術院校的她，整個人看上去非常有氣質。但就是這樣一個女孩，卻是一個非常孤僻的人。

因為她幾乎沒有朋友，也很少有人會去和她主動交流。她求助於我，說自己是不是太過優秀引起他人的嫉妒，所以沒有人願意和她做朋友。

除了友情上不得人心，她在情場上也屢遭失意。雖然她這些年也談過幾次戀愛，但是每次都無疾而終，並且結束得非常迅速。她始終不明白為什麼自己會這樣。

直到一次偶然的機會，我和這位女孩碰面了。她向我求助，於是我們便找了一家咖啡廳坐了下來。

剛見面時，我對這位女孩的外觀印象不錯，身材高䠆，長相甜美。然而，沒想到她只是短暫地抱怨了一下沒有朋友和戀愛不順，然後就開始了無休止的炫耀。

她的自我感覺實在太過良好了，因為在我和她互動不到一小時的時間裡，她的一切話題都是圍繞著自己，不是在誇獎自己，就是在說自己感興趣的事情，完全不考慮談話對象是否

有興趣。並且在一開始的時候，她還會時不時地暫停一下望向我，想讓我對她所說的事情給出回應。很明顯，她希望我誇獎她或者是順著她的話題去說。

慢慢地，她連我是否給予回應也不是那麼在乎，彷彿只要有人聽，她就可以不停地說下去似的。而在聽這位女孩不停誇獎自己的時候，我想像了一個其他人和她聊天時的畫面：其他人準備和她分享自己的故事，然而這位女孩完全不感興趣。所以她草草地敷衍幾句，然後就興致勃勃地將話題引到自己身上。

我想任何一個人都不願意和這樣的一個人互動交流，這也是為什麼她沒有朋友，談戀愛總是在很短的時間內就失敗的原因了。

在和她聊了一個小時之後，我終於無法再聊下去了，於是就結束了這次談話。

為什麼這位女孩會這樣？或者說，為什麼有時我們會如此熱衷於談論自己，絲毫不關心他人身上的事情？

事實上，我們有這樣的表現，往往只有一個原因：我們的內心太過匱乏，我們太缺乏安全感，所以就希望持續獲得他人的認可和注意力。

在生活中總是不缺少自私的人，這也是我們都不喜歡的一類人。因為在我們看來，這類人愛自己勝過其他任何人，所以他們任何事情都是優先考慮自己，但事實卻並非如此。

一個人會自私並不是因為他愛自己勝過愛其他任何人，恰恰相反，一個人自私是因為他一點都不愛自己，他的內心得不到關愛，所以他們感到內心匱乏，因此才會總想要從他人那裡去得到這一切。

但是，內心的匱乏是外在的人或物無法滿足的，能夠滿足內心匱乏的只有我們自己。這就是為什麼自私的人總想從他人那裡獲取，並且這種獲取看上去有些貪得無厭。

我們想要不自私，不成為別人討厭的人，就需要學會愛自己。那麼到底應該如何愛自己呢？

這裡的愛自己，指的並不是簡單意義上的關心自己，而是需要和自己建立起一種良好的關係。無論是與父母、家庭還是健康和金錢，我們都和這些建立起了一種連結。因為我們知道，想要獲得幸福，就必須和這些人事物建立良好的關係。但是往往我們都忽略了和自己內心的連結，我們總是習慣將注意力放在外面的人或者事物上，卻很少回過頭來看自己。也正是因為如此，我們才不夠自愛，才會因為內心的匱乏而變得自私。

所以我們要學會愛自己，學會自我觀察。同時，自我觀察也是所有修行中最重要的一個部分。我們要在關注外界的同時，將一部分注意力放在自己身上，不斷審視自己。只有這樣，我們才能感到內心的充實、安全，才能學會愛自己，將自己放在自己的宇宙中心位置。

一個懂得愛自己，將自己放在自己的宇宙中心位置的人，他不需要去想讓他人誇獎自己什麼，因為他不需要從別人那裡獲得認同。他也不會和別人爭搶什麼，因為他們的內心足夠安全和充實，知道一樣東西是他們的就是他們的，誰也無法奪走。

學會自我觀察並不是短期就能夠做到的，這需要一個長期的過程，需要慢慢培養才可以做到。在自我觀察的過程中，我們會發現自己過去一直都不敢面對的缺點和陰暗面，這對於我們來說是一個極大的考驗。我們應該做的就是用一顆包容的心去看待這一切，承認缺點和陰暗面的存在。如果我們不願意承認缺點和陰暗面的存在，那我們也就無法愛自己，無法讓自己做到不自私。

打破恐懼，才能一往無前！

「在等待中，年輕人變成了中年人，又從中年人變成了老年人。他所等待的奇蹟，始終沒有出現。」

—— 小故事〈那個等待的年輕人〉

有一個非常不得志的年輕人，他總是感覺自己懷才不遇，於是就在一天晚上來到了當地非常有名的寺廟裡問佛祖，為什麼自己空有滿腹的才華，卻總沒有發揮的地方。

這時佛祖竟然顯聖了。

　　佛祖對年輕人說：「不用灰心，在今後你將有機會成為一個非常富有的人，同時擁有一位漂亮賢慧的妻子。」

　　年輕人聽了之後非常高興，心想一無所有的自己以後竟然會變得如此幸福？那一定是發生了奇蹟。於是，他終其一生都在等待佛祖預言的實現。在等待中，年輕人變成了中年人，又從中年人變成了老年人，他所等待的奇蹟，始終沒有出現。

　　他的一生都在窮困潦倒的等待中度過，沒有錢，沒有地位，沒有妻子。

　　這個人死後再次見到了佛祖，他問佛祖為什麼當初要騙他，為什麼說的一切都沒有實現。

　　佛祖嘆了口氣對他說：「我當初跟你說的是你有機會成為非常富有的人，還能擁有一位漂亮賢慧的妻子。在你的一生之中，我已經將獲得這一切的機會都給你了，但是你卻沒有抓住這些機會。」

　　這個人聽完之後非常疑惑，不知道佛祖說的話是什麼意思。

　　佛祖接著對他說：「很多年以前有一個人找到你，他有一個非常不錯的賺錢方法，但是自己一個人做不了，所以想要和你一起合作。但是當時你給他的答覆是雖然聽起來這個賺錢的方法很不錯，但是從來沒有人嘗試過，並且在初期要投入一大筆錢，萬一失敗了怎麼辦，然後你就拒絕了他。」

　　「兩年之後，你認識了一個女孩，這個女孩既漂亮又溫柔，

你非常喜歡她。並且在此之前和之後你都沒有再遇到過比她更好的女孩。你曾經無數次想要向她表白，但是卻總是害怕這個既漂亮又溫柔的女孩拒絕你，於是一次次的放棄了表白的機會，直到這個女孩徹底地從你的生活中消失。

「那個當初找你合作的人因為你的拒絕，只好找了其他人，之後和他合作的那個人成為了億萬富翁。而你沒有敢表白的女孩其實是喜歡你的，她只是在等待你的表白。不過等了很長一段時間之後，你依然沒有行動，最終她決定放棄了，於是選擇嫁給了別人，組成了一個幸福的家庭。那個找你合作的人以及那個女孩都是實現對你預言的機會啊！但是你卻因為恐懼失敗、恐懼拒絕都放棄了，這些都是你自己的選擇。」

聽完佛祖的話後，這個人抱頭痛哭，他終於知道了自己一生窮困潦倒的原因了，不過一切都為時已晚。

★故事的結局，只有嘗試過才知道

在我們漫長的人生道路中有無數的選擇，不過沒人知道哪個選擇是最正確的。所以每一個選擇在我們嘗試之前都是充滿了風險，我們要做的就是去不斷嘗試，只有嘗試過之後，我們才知道哪個對我們是最佳的選擇。

從某種角度來看，「恐懼」對於人類的生存和發展是具有積極意義的，如果人類沒有了這種情緒，那就很難在這個世界中生存下去。因為恐懼能夠讓我們知道潛在的傷害或者是危險。

不過任何事情都有兩面性，恐懼也不例外。

事實告訴我們：雖然一件事物發展的前途是光明的，但是其發展的過程總是充滿曲折。

當我們做一件事情的時候，雖然前進的方向正確，仍有可能發生一些我們不希望出現的意外情況，但這也是我們做一件事情的樂趣和意義所在。

就好比我們參加長跑比賽，一共有一百個人和我們一起競爭冠軍，此時如果我們憑藉自己的努力，最終獲得了冠軍，這樣的冠軍才有了意義。但是如果我們比賽被告知只有自己一個人參加，也就是說，我們只要參加了就是冠軍，那麼這樣的冠軍對我們還有意義嗎？答案是沒有。

然而在現實生活當中，我們很多人恐懼一切不希望發生的變化出現。做生意擔心會失敗，投資擔心會虧損，參加長跑比賽擔心會得不到冠軍……

我們恐懼所有可能出現的意外情況，不願意承擔任何風險，所以我們不願意做生意，不願意投資，不願意參加長跑比賽……

我們最大程度拒絕一切可能發生意料之外情況的事情，當把這些事情都排除在外之後，我們就會發現自己待在原地保持現狀才是最安全的，於是我們拒絕前進、拒絕進步，只是什麼都不做的待在原地。

　　為了避免遇到一些不願意發生的變化出現，我們選擇了待在原地。在我們看來，這種選擇是最安全的，也是最正確的，但是我們卻沒有想過，這樣做的最終結果就是我們讓一個個機會從我們手中溜走，讓我們庸庸碌碌的過完自己的一生，同時，這樣的人生也是一眼就可以望到盡頭的人生，因為我們只在原地，從沒有前進過。

　　很多時候，恐懼就像是一個無形的牢籠，將我們禁錮在原地，不讓我們前進。如果無法克服心中的恐懼，那我們就成為一個既懦弱又保守的人。不過即使我們願意開始嘗試一件不知結果的事情，也並不代表就戰勝了恐懼，因為在我們嘗試的過程中，恐懼依然會伺機衝出來影響我們，讓我們選擇中途放棄。

　　也許在剛開始做一件事情的時候，我們信心十足，但是在做的過程中，我們將會遇到種種困難，此時恐懼就會乘虛而入，將我們完全籠罩，於是我們就會選擇放棄。

　　有時候放棄是必須的，比如我們在嘗試一個選擇的過程中發現它是錯誤的，為了減少損失，就會及時的放棄。但這種放棄是基於理性分析做出的決定，而不是恐懼。

　　因為恐懼而將做到一半的事情放棄，這很容易形成一種思考模式：做這件事情困難重重，所以我還是及早放棄吧，尋找其他更好的選擇。

　　當形成這種思考模式之後，我們就會習慣性的選擇放棄，

然後將期望寄託在下一次的選擇上，然後在下一次選擇到來時，繼續重複這個模式，最終還是一事無成。長此以往，我們就會對自己產生懷疑，不再相信自己有能力做好任何事情。

★打破恐懼，我們將一往無前

我們現在可以想像一下，假如這個世界上的所有人都被恐懼所限制，都被困在原地止步不前，那我們的社會將會是什麼樣子呢？

因為恐懼死亡，那就沒有人進行革命推翻封建社會，我們現在只能生活在封建時代；因為恐懼失敗，那就沒有人願意嘗試科學發明，所有人都知道科學發明是不可能沒有失敗的，因此我們現在可能還依舊生活在刀耕火種的石器時代。正是有了那些無所畏懼的人，我們才有了今天的美好生活。

如果我們仔細觀察世界上最優秀的那些人，無論這些人是在哪方面優秀，但是他們都具有一個共同的特點：無所畏懼。只有那些無所畏懼的人，才能有所成就，才能獲得成功，因為世界是那些無所畏懼的冒險家的樂園。

唯物主義告訴我們，世界上所有事情都存在一定的風險，即使我們每天吃飯、喝水、睡覺，這些行為也都存在風險，完全不存在風險的事情是不存在的。因此我們要客觀的看待這些風險，而不是用恐懼的心態去面對它們。

真正值得我們去恐懼的，應該是永遠待在原地止步不前。

我們常常忽略了的事情：
享受且只享受那些讓你快樂的事情

「如果活著不是為了快樂，我們又是為了什麼活著？」

—— 來自朋友的感嘆

幾年前的年底，我和一位朋友在家裡邊喝咖啡邊聊天，聊著聊著就說起了過去一年的經歷。

這位朋友對我說：「很奇怪，仔細想來，我在過去一年裡，高興的時間要遠少於不高興的時間。不僅是過去一年，過去幾年都是如此，我也不是沒有開心的時間，但是開心的時間總是非常短暫，大多數時候我都是被焦慮和困惑所纏繞，甚至連發自內心的平靜都很少。」

我說：「大多數人都是如此啊。」

他說：「如果大多數人都是如此，那麼大多數人不都是在痛苦難過中度過了？那麼我們每天營營役役的目的又是什麼呢？如果活著不是為了快樂，我們又是為了什麼活著？」

朋友的話讓我當時一愣，因為我從來沒有思考過這個問題。那天之後，我們都再無情緒暢談，可謂不歡而散。

在朋友走後，我自己一個人細細思索這個問題，突然想到了一個著名的法則：80/20 法則。這個法則的內容是在任何一組東西中，最重要的只占一小部分，約 20%，其他的則占大部

分，約 80%，想來人生大概也是如此。讓我們快樂的事情算是重要的事情，所以它只占所有事情的 20%，而讓我們不快樂的事情則占了我們人生的 80%。

想到這裡，我也開始細細回顧自己過去一年的經歷，主要是整理：

在過去的一年時間中，有哪些事情主要組成了我的平靜和快樂？

又有哪些事情主要構成了我的焦慮、困惑和難過？

當我站在這個角度來看待自己過去一年的經歷時，突然有了一種不一樣的感覺。這是我第一次將自己的感受放在最重要的位置，來思考自己所做、所經歷的事情。

而在過去，我思考事情時，通常是將目的放在最重要的位置。比如：

我應該如何去做，才能讓提高工作效率。

我該怎樣做，才能夠讓自己的時間更充裕。

我該如何做，才能夠讓自己更堅強……

而這種思考方式本身就會帶給我一定的壓力：我的工作效率還不夠高，我的時間還太少，我的性格還不夠堅強。這是一種否定自我的態度，是一種透過否定自我的方式強迫自己去進步。

　　為什麼在過去我從來沒有想過什麼事情讓自己快樂、什麼事情讓自己痛苦呢？

　　因為我從小接受的教育告訴我不能驕傲、不能自滿，所以我會一直用否定自己的方式來思考，一直讓自己去關注那些無法讓自己享受和快樂的事情，認為只有這樣，我們才能得到進步。並且我想絕大多數人都是和我一樣。

　　這種方式真的有用嗎？也許這只是一種自欺欺人，因為真正能夠讓我們獲得力量的，絕對是我們的內在動力。我們一廂情願的苦行僧式的努力和奮鬥，有時會不斷消耗我們的內在力量，使我們變得痛苦，我們的力量也因此被削弱。

　　當我們不斷強迫自己做該做的事情，而忽視做那些使我們愉快的事情，我們看起來變強大了，其實我們內心充滿了衝突與內耗。

　　所以我們真正需要做到的就是分清楚，究竟哪些事情是讓我們感到快樂，為我們帶來內在動力的；而哪些事情又是讓我們感到悲傷，讓我們內心充滿衝突和內耗的。

　　對於讓我們快樂的事情，我總結出來的答案是 ——

　　學習：學習是我們每個人都需要貫穿自己一生去做的一件事情，它能讓我們認識更多的思想觀念，從而對人生有更多的理解，對問題有更多的思考。

　　寫作：寫作是我一直熱衷的一件事情，透過寫作，我才能

夠像現在這樣將自己的感悟和體驗分享給大家，所以寫作對我來是一件非常有意義的事情，也是一件讓我感到快樂的事情。

運動：長期以來，我一直保持著運動的習慣，無論時間多吃緊，我都會每週挑出幾天進行運動。長期在冷氣房裡讓很多人都已經忘記了汗流浹背的感覺，在都市快節奏的生活中適當加入運動，刺激多巴胺的分泌，讓我們感覺良好。

讀書：一本真正的好書能夠啟迪我們的心智。在讀書的過程，也許我們會看到一些顛覆自己世界觀的內容，不過我看書會對內容有自己的思考。因為在看書時，我不是將自己當成一個簡單的收集者，而是將自己當成一個思考者。

而讓我感到不愉快的事情就太多了，如果硬要尋找它們的規律，那麼這個規律應該是──

我自己本身不想做，卻「不得不做」的事情，比如說礙於面子、或者為了盡義務去做的事情。

比如說我不想和工作中認識的人產生太多的私人交流，但是別人這樣做，我也不得不這樣做。

比如說常常會有一些朋友找我幫忙，翻譯稿件、尋找資料、做心理諮商，如此等等，常常是「我不想替朋友翻譯稿件，但是卻找不到推辭的理由」。

這些事情消耗了我很多的能量，但是仔細想想，這些事情為我帶來多少的效用呢？好像也沒有多少。

　　透過這個簡單的測試，我突然發現：那些我不喜歡做的事情，並沒有為我帶來什麼幸福、金錢和報酬。

　　反而是我最喜愛做的事情，給了我最豐厚的回報。那麼，這是不是意味著：雖然我也許不能像首富那樣隨心所欲地生活，但是我們卻可以多做一些我們喜歡做的事情，少做一些我們不喜歡做的事情呢？

　　而且，我們是不是可以讓自己喜歡做的事情產生更多的效用呢？

　　正是我們所熱愛的事情，為我們帶來更多的快樂，激發出我們最多的動力和熱情，也正是我們最喜歡做的事情，使我們每天都變得更精彩。

　　我們在給予快樂的過程，獲得了快樂。

　　那麼，你也不妨在日復一日的忙碌中停下來，仔細思考一下：過去一年我的得與失，過去一年我喜歡做的事情和不喜歡做的事情，分別為我帶來了什麼？

　　它一定能使你的觀念發生轉變。

活出真正的自己：
生活也許很艱難，但是一定要去嘗試

> 「當信念和慾望大到可怕的程度時，痛苦就算不得什麼了。」
> ——《127 小時》（*127 Hours*）

我經常聽人說人應該「活出真正的自己」，但是當我進一步追問，究竟怎樣才算是活出真正的自己時，大多數人卻又無法回答出來。

後來，也有人問過我這個問題，在我看來，活出真正的自己，就是知道自己想要的是什麼，並且勇敢地去追求 —— 在這個過程中，任何外界的眼光都無法阻礙我，任何外界的行為都無法動搖我。

要活出真正的自己，絕非一件容易的事。有許許多多的因素阻礙我們，在這些因素當中，恐懼是排第一位的。

活出真正的自己，常常意味著追求，意味著改變現狀，意味著要面臨未知的結果。

每個人對於改變現狀和未知的結果都會有一定的恐懼，區別只是有人能夠克服這種恐懼，而有人不能。

我也有過非常恐懼的時候，但是不會讓這些恐懼來影響我前行。每當遇到這樣的情況時，我就會問自己：「最壞的情況是什麼？」

　　這個問題讓我理性分析這件讓我恐懼的事情，可能得到的最壞結果是什麼。

　　然後我再問自己：「發生了又能如何？你能不能接受？」

　　事實上，很多時候我們對一件事情的恐懼，只是單純的因為這件事情將會改變現狀，要我們走出心理舒適圈。但是我們在進行理性分析之後，就會發現事情最壞的結果也並沒有那麼糟，我們是可以接受的。

　　於是我勇敢的對自己說：「即使得到了最壞的結果，我也能接受。」之後，我就勇敢的朝著自己想要的東西繼續前進，並且不會在前進的道路上畏首畏尾，總是擔心發生不好的結果。

　　只有我們在面對恐懼時理性分析，坦然面對可能發生的壞結果時，我們才能克服恐懼，做一些其他人沒有勇氣去做的事情，我們的人生會變得異常精彩，我們也才能勇敢地活出真正的自己。

　　阻礙我們活出真正自己的第二個重要因素，則是欺騙，我們對自己的欺騙。每個人在一生中都會因為各式各樣的原因而選擇欺騙，但是我們需要知道的是，永遠不要欺騙自己，也不要為了自己的利益而欺騙他人。欺騙其實並不完全是壞事，生活中有時候也的確需要欺騙的存在，就像是善意的欺騙。

　　有一次我走路出門辦事，當時天剛下過雨，路上還有很多積水，我看到有一位清潔工人正在清理路邊的垃圾桶。當我

走過清潔工人身邊的時候，由於路滑，清潔工人在往車上裝垃圾時沒有站穩，身體趔趄了一下，手中的清理工具也掉到了地上，濺了我一身雨水。清潔工人看到之後趕緊向我道歉，然後很誠懇而又略帶緊張的問我衣服是不是很貴。

當時我穿的衣服是一件新衣服，其實是挺貴的，但是看到清潔工人這樣，我就欺騙他說：「這件衣服沒多少錢，回家我洗洗就行了，沒事。」

又比如當我們身在他鄉，父母打電話問我們過得好不好時，這時，一些生活非常不如意的人就會選擇欺騙，他們告訴父母自己過得非常好。這麼做的原因只是為了讓父母不要為自己擔心。

上面我說的兩個例子就都是善意的欺騙，也是為人處世的一種智慧。

但是我們要記住，永遠不要欺騙自己。如果我們選擇自我欺騙，那就永遠無法認清事情的真相，更無法活出自己。

有一個女孩到了談婚論嫁的年齡，父母介紹了一個對象給她。雖然女孩並不喜歡對方，但是在父母的極力催促下，很快的，女孩和對方結了婚。結婚之後丈夫對女孩還不錯，但是女孩從沒有真正喜歡過自己的丈夫。但是迫於父母的壓力，她開始說服自己，告訴自己丈夫有這樣那樣的好處，自己其實是愛丈夫的，只是需要一段時間適應，於是女孩相信了自己是愛丈

夫的。就這樣，女孩和丈夫生活了八年。

此時兩人家庭生活不算富裕，但還過得去，孩子也上了小學，但是女孩這八年從沒有真正開心過，雖然她自己不知道為什麼。

其實女孩不開心的理由很簡單，因為她不喜歡丈夫，不想與對方組成家庭，但是為了父母，她欺騙自己喜歡丈夫，並且相信了這個謊言。然而事實呢？她從沒有喜歡過丈夫，只是為了順從父母才接受了婚姻。這個女孩一直在欺騙自己，所以她也就無法活出真正的自己。

我所要說的第三個阻礙我們活出真正自己的要素，就是不敢打破限制。從小，來自父母或者老師的傳統教育告訴我們，一個男人的奮鬥目標是有錢、有事業，而女人的奮鬥目標是有好的婚姻、成為一個妻子、成為一個好媽媽。

這些教育就像是對我們設定了一個囚籠一樣，將我們未來的發展方向限制在了一個範圍之內。而在囚籠的作用下，我們年少時期的愛好和夢想都成為了不務正業，在成長的過程中逐漸被淡忘，取而代之的，是一大堆我們其實並不喜歡的事情或者工作。

有一部美國電影叫做《一路玩到掛》(The Bucket List)，講的是兩個患癌症的人在得知自己的生命即將到達終點之後，互相感嘆一生中有多少夢想沒有實現，然後決定在死之前，將這些

沒有實現的夢想一起實現的故事（電影裡，兩人當中的一個是億萬富翁，所以他們的清單可以很容易實現。但是在現實生活中的我們列清單的時候，要根據自己的實際情況來進行）。

我們可以想像一下，假如讓我們列出自己的遺願清單，這份清單會有多長呢？電影中兩位主角最終完成了清單上的事情，但這只是電影，現實中也許當我們知道應該要列清單的時候，我們才發現已經為時太晚。

生活也許不能事事都符合我們的心意，但是至少我們應該要去嘗試，去打破囚籠的限制，做那些自己想要做的事情，不要讓自己的遺願清單列得太長，減少自己人生中的遺憾，活出真正的自己。

Part 3.
成為自己的英雄：信念轉化為現實

第 *10* 章
英雄的擔當：選擇強大，化身爲強者

▌沉浸於故事中，讓我們失去獲得幸福的能力

> 「你不要太沉浸於替自己編造的故事啊！」
>
> —— 我對「萬念俱灰」的朋友說

在電影《全面啟動》（*Inception*）中，有這樣一句臺詞，充分說明了意念的可怕：「一顆小小的意念種子，也會生根成形。它可能成就你，也可能毀滅你。」

每個人都想要獲得幸福，但是我們大多數人又從沒有感覺到自己幸福。因為我們無法肯定現在，我們常常為自己編造一些「我現在很不幸的故事」。生活在這樣的故事當中，我們自然不可能獲得幸福。

我有個多才多藝的朋友。這個朋友是真正意義上的多才多藝，而不是隨便寫在履歷上湊數的那種。他畢業於名校，畢業後去了一家還不錯的公司上班，拿著讓大多數人都感到羨慕的薪水，事業上也算是略有小成。但是和其他同校菁英相比，他就有一定的差距了，因此我的這位朋友一直都非常消沉，認為自己是一個 Loser。

然而事實上呢？從旁人角度來看，我的這個朋友無論從哪

個角度來看，都和 Loser 這個詞毫無關係，然而他卻整日沉浸在自己為自己編造的故事和身分中，認為自己一無是處，從而感到十分的痛苦。

　　每次見面或者電話，他都是向我訴說他的失意和不安，說自己是如何地 loser（沒錯，這裡 loser 變成了個動詞。）

　　直到有天我實在忍無可忍，我不客氣地對他說：「你不要太沉浸於為自己編造的故事啊！」

　　很多人都是如此，我們總是對現在的自己不滿，總是為自己編造自己如何不幸的故事，從而讓我們失去獲得幸福的能力。

　　我們是否能夠感受到幸福，很多時候是和我們的思想有密切關係的。在我們生活或者工作時，內心當中一直都有一個聲音在對我們所遇到的人或者事情給出評價，這個聲音能夠影響我們看待人或者事物的能力，甚至是徹底主宰我們。

　　這個聲音很明顯不是我們自己發出的，因為只有我們自己才能聽到這個聲音。而這個聲音其實就是我們的思想。

　　我們從小到大所接觸的書籍文章，都在叫我們對所有事情都要從正面去思考。但是實際上只有一小部分人能夠做到這一點，大部分人都會優先進行負面思考。這些都得益於我們小時候父母或者老師教育的影響。

　　比如我們的思想會不斷提醒我們和他人去比較，會不斷對我們說：「你看看你有多麼糟糕，他人有多麼地好；你做什麼都

做不成功，其他人做什麼都得心應手；沒有人在乎你現在獲得的一點成績，反正這點成績也不值一提……」

這些聲音讓我們的情緒墜入谷底，也讓我們陷入自己編造的糟糕故事中無法自拔。所以想要讓我們感受到幸福，首先我們要學會去正面思考。

然而在現實生活中，我見過有太多的人無法正面思考，他們無法理性看待自己的一切，不願意勇敢的追隨自己內心的想法，讓內心指引我們前行。而只是願意活在自己的故事當中，然後被自己的故事所迷惑，做出了錯誤的選擇。這些人的結果大多都是悲哀的，因為他們的人生將會失去很多應有的快樂和幸福。

有一名通訊技術工程師，如今已經四十多歲，他從大學畢業之後就從事這一行業，如今已經做了超過二十年。在多年的工作生涯中，因為工作需求，這名工程師總是隔幾年就要到一個完全陌生的國家去工作，並且這些國家還都是一些貧窮而又落後的國家。

最近這名工程師隨著專案的完工，在家裡待了兩個月之後，又將要前去另一個國家進行專案，但是他已經厭倦了這種生活，並且家人也非常反對他長年不在家，所以工程師的心情非常低落，於是就找到了心理醫生，希望心理醫生能夠幫助自己緩解壓力。

心理醫生在了解了這名工程師的情況之後，對他說：「你除了工作之外，還有什麼喜歡做的事情嗎？」

工程師回答：「我非常喜歡寫作，並且自己正在創作一部長篇小說，現在已經寫了不少了。」

心理醫生說：「那你為什麼不考慮辭去現在的工作，直接轉行成為一名作家呢？這既是你的愛好，又能夠滿足照顧家人的需求。」

工程師笑了笑說：「雖然我現在正在創作小說，但是純屬業餘愛好。你可能不知道現在的小說市場有多麼不景氣，競爭有多麼的激烈。像我這樣的水準也就是自娛自樂而已。如果真轉行做了全職作家，我想自己肯定連養家都成問題。」

心理醫生說：「也許你可以將創作的小說寄給我看看，然後我們下週再討論這個問題。」

工程師答應了心理醫生的要求，回家將自己創作的小說寄給了心理醫生，然後在一週之後又來到了診所。

心理醫生再次見到工程師之後，對他說：「我看了你的小說，寫得非常精彩，我已經迫不及待的想知道接下來的內容了。雖然我知道小說市場競爭非常激烈，但我相信你轉行成為職業作家，一定能夠有不錯的前景。」

然而工程師對醫生說：「我從來沒有學習過專業的寫作，上大學時也是讀理科，這些年的工作也和寫作沒有任何關係。這

樣的我去做一個專職作家？我想我一定會餓死在家裡了。」

雖然心理醫生已經盡最大努力勸說工程師轉行成為作家，並且說明這是解決他心理問題的最好選擇，但是工程師最終還是拒絕了心理醫生的建議，因為他編造的故事告訴自己：我不可能是一個優秀的作家。

兩年之後，心理醫生又一次見到了這名工程師，此時這名工程師已經向公司請了長假，因為工作和家庭的矛盾讓他患上了嚴重的憂鬱症，已經無法正常工作了，只能請假回國休養。

也許案例中的這位工程師在兩年前聽從心理醫生的建議，轉行成為一名作家，那麼就可能完全是另一個結局了。但是工程師沒有，他相信自己的故事，相信自己不可能成為作家的，所以他沒有聽從醫生的建議。最終結果就是患上了憂鬱症，失去了獲得幸福的能力。

強大是一種選擇

「人的脆弱和堅強都超乎自己的想像。有時，我們可能脆弱得一句話就淚流滿面，有時，也發現自己咬著牙走了很長的路。」

—— 莫泊桑（Guy de Maupassant），《一生》（ *Une vie* ）

在這個世界上，有才華、有能力的人非常多，但是真正能夠從人群中脫穎而出，能夠被眾人所敬仰的人卻非常少。為

什麼會出現這樣的情況？答案是因為他們在困難面前沒有選擇強大。

面對人生道路上的困難，有的人選擇成為弱者，他們沒有足夠的勇氣和信心去面對困難，所以他們會選擇逃避困難；有的人則選擇成為強者，他們擁有足夠的信心和勇氣去面對困難，他們願意用盡自己的全力去戰勝困難，並且透過困難的磨礪，他們將獲得了更大的力量，從而變得更加強大。

沒有人天生就是強大的，強大都是被苦難造就出來的。當面對苦難時，雖然我們會感到害怕，雖然我們會感到痛苦，但是依然會迎頭而上，此時我們就選擇了強大。

在這個世界上，有的人的人生一直都在征服高峰，縱觀他們的一生就像是奇蹟。但實際上沒有征服不了的高峰，只有不願意去征服的人。

一個面對苦難選擇強大的人是真正有思想的人，他們擁有一顆足夠強大的內心。這些人無論面對什麼樣的人生苦難，他們的內心都是平和的、自信的，也正是如此，在他們眼中，人生處處都是快樂和幸福。因為他們所關注的不只是世俗世界，他們關注的還有自己特有的內心世界。

在這個世界之中，他們有自己對快樂和幸福的評判標準，他們時刻享受著他人無法體會的快樂和幸福。就像一些人一樣，在人生經歷了重大轉折之後，面對苦難，他們的內心是強

大的，所以無論環境如何惡劣，他們的人生都是快樂和幸福的，這樣的人才是真正強大的人。

不再說：我本可以……。不再說：想當初……。

「於是，奔跑成為一種簡單而可貴的姿勢，蘊涵著不可摧的力量，那就是永遠向前的勇氣和信念。人生要不斷的向前，人生便需要奔跑。」

——《蘿拉快跑》（*Run Lola Run*）

2017 年的情人節，我卻在外地出差。結束了一天的忙碌，我匆匆趕往火鍋店，和我約好的一位舊友吃飯。

那天我中午就沒有吃飯，所以到了晚上我已經餓到不行，坐下來不及寒暄，先點了一大堆吃的，單子交給服務生後，我才仔細觀察我的這位舊友。

只看了一眼，我就吃驚地問：「你怎麼了？」

印象中我的這個女性朋友，一向是春風得意、意氣風發的，從小就家境優渥的她，一直是眾人眼中的小公主，她從小家境富裕，父母都經商，有規模不小的產業。大學畢業之後在父母的幫助下，她就開始創業，藉助了網際網路的力量，同時有父母的資金支持，很快的，她就成為了周圍人眼中的女強人和富婆。之後她因為工作原因去了外地，我們就很少聯絡了。

　　我一直以為她還過著既瀟灑又幸福的生活。

　　但是此時的她，卻大為憔悴，曾經細白粉嫩的小臉變得乾燥發黃，頭髮也失去了以往精心呵護出來的光澤，一身衣服仍然看得出來是貴的，但是卻因為疏於打理而皺皺巴巴的。

　　最重要的是，她的眼神直愣愣的，眼圈發紅，顯然是剛剛哭過才來。

　　火鍋上桌了，她卻無心吃。我就坐在她的對面，聽她慢慢告訴我這兩年的經歷：原來，一年之前她的父母投資被騙，一下損失了數千萬，她的公司也因為沒有了父母的支持而宣告破產。曾經是富家小姐的她，一夜之間變得連普通人都不如，因為她的父母投資時還借了幾百萬，如今債主天天要債，甚至將她的父母告上了法庭。

　　為了幫助家裡還清債務，同時也為了維持生活，她開始四處尋找工作。然而找工作並不順利，雖然她自己曾經開過公司，但都是依靠父母的照顧。如今父母無法幫助她了，單靠她自己只能找一些非常普通的辦公室工作，用她的話說就是：「我從來不知道原來錢是這麼難賺。」

　　生活發生巨變之後，她總是想要找人哭訴，見到我後也不例外。她將自己的遭遇全部告訴了我，然後抱頭痛哭。

　　那天我默默地傾聽了很久，下定決心以後一定要常打電話給她。

那天晚上，她對我說的最多的話，就是「我原本可以⋯⋯」。

「我原本可以阻止他們投資的⋯⋯」

「我應該能識破那個騙我們的人做出來的局的⋯⋯」

「我原本可以早點讓他們醒悟的⋯⋯」

我不知道自己應該如何安慰她，因為過去我學到的東西告訴我，不要將自己看成是受害者，我們需要做的就是對自己負責，當痛苦來臨時，我們要做的是打起精神來繼續前行⋯⋯

但是這些話，當你面對一個傷心哭泣的人時，是說不出口的。況且，現在也不是很好的時候。

在那之後，我隔三差五地就會接到她的電話，電話的內容是清一色的懊悔和痛苦。每次我都試圖讓她面對現狀，但是我的安慰永遠都是於事無補。她要不就是抱怨現在，要不就是懊悔過去，訴說她本來可以如何避免現在的慘劇。

那一段時間，我整個人的情緒都很糟糕，一方面我非常同情她，我希望能夠把她從深淵裡拉出來，另一方面，她帶給我的是恐怖的挫敗感。就好像我努力把她從深淵中拉出來，但是她並不願意出來。

就這樣過了幾個月，直到有一天晚上，我對著電話那頭哭哭啼啼的她說：「要不，我們暫時不要聯絡了，等你好一點了再打電話給我，好嗎？」

　　她停止了抽噎，冷靜地問我：「現在你也不願意和我做朋友了嗎？」

　　我說：「當然不是，但是這樣下去，對你、對我都沒有任何好處。我再繼續傾聽你有多悲慘，你本來可以如何如何……對你的現狀毫無幫助，也許你會覺得和我說這些，就好像你的救命稻草一樣。但是你要知道，救命稻草始終也只是如此而已，救命稻草本身是無法救命的。」

　　我對她說：「真正能救你的，只有你自己。」

　　她在電話那頭沉默了許久，最終還是結束通話了。

　　我有瞬間的後悔，但是很快我告訴自己：這樣才是對她好的。

　　在那之後，她就很少打電話給我了，我也陷入了前所未有的忙碌之中。有時我會打電話給她，電話那頭的她總是特別忙，好像也不介意我當時的「落井下石」。

　　就這樣，斷斷續續地我們就失聯了很長一段時間，最近一次，偶然的機會下我們又碰面了，此時她的狀態和之前完全不一樣，整個人也顯得年輕許多。

　　她看起來容光煥發，對著我微笑。

　　在我的追問下，她告訴我，在遭遇巨變之後的很長一段時間裡，她只要一個人待著就會傷心流淚，哀嘆命運的殘酷，幻想自己如果當時勸阻父母投資就好了。那時她最大的精神支柱

就是和我的電話 —— 但是直到那天，我的「冷酷」打醒了她。

一開始，她很生氣我這麼不仗義，但是保持這種狀態一段時間之後，她開始意識到這樣的行為是無益於改變現實情況的。

於是她開始試著重新生活：看書、學習，按部就班地上班，她開始學會和痛苦和平共處，並且學會從痛苦中尋找到支持自己繼續前行的力量。

她對我說：我終於相信，我們每個人都擁有強大的力量，這些力量就是我們內在的力量。然而自己之前並沒有認識這種力量，所以也就不會使用這種力量。而透過這場人生巨變，我認識了這種力量。我現在知道了 —— 真正的力量來自自己的內心。

我很為這位朋友高興，她已經獲得了這種力量，而我？我走得可能還沒有她遠。但是，我們也可以像她一樣，面對人生的挫折時，喚醒我們內心的力量。

有的人會問：那麼我們要如何喚醒自己內心的力量呢？

在我看來，喚醒自己內心的力量，首先要做到的就是學會放鬆，學會放下，這點非常重要。

很多人認為我肯定是一個每天時間表排得滿滿的，恨不得一分鐘當兩分鐘用的人，但實際上並不是如此。雖然我每天的事情有很多，但是我還是有很多的時間來做自己想要做的事情，比如運動、看書等等，所以即使身體忙碌，但心卻不忙碌。

有不少人也嚮往這樣的生活節奏，詢問我是如何做到的。其實做到這些很簡單，可以解決的事情就抓緊時間去做，那些無法解決的事情就不要太過糾結，立刻放下，去做其他事情，這樣就可以了。

當我們放鬆了，讓事情過去了，也就有足夠的時間做自己喜歡的事情，將自己從痛苦煩惱中解放出來。此時，我們內心徹底放鬆，同時少了負面情緒的包圍，內心的力量也就很容易被我們認識和使用。

但是現實中有很多人並不能做到讓自己放鬆，將事情放下。我們仔細思考一下就會發現，現實生活中很多時候，我們都在為一些無法解決的事情浪費時間，並且讓自己陷入痛苦之中。比如前面提到的我的那位朋友，在變故剛發生時，只要一個人待著就會傷心流淚，感嘆命運的殘酷，然後幻想自己當初應該如何做就能改變解決，但這其實並沒有太多實際意義。幸運的是，她最終意識到了這一點，選擇將事情放下，並且從這種狀態中走了出來，最終釋放了自己內心的力量，改變了自己的生活狀態。

有時我們仔細想想，就會發現人生中充滿了不自由，我們的出生、相貌、天賦等等因素都是不自由的，因為我們無法控制，只能被動的接受。

不過這種不自由並不一定是一件壞事，因為也正是有太多

的這種不自由，反而讓我們在其他地方變得自由起來。因為我們知道自己不需要在那些不自由的地方投入精力，我們會將更多的精力投入在那些我們可以控制的事情上。此時我們將感受到一種不一樣的自由，這不是因為我們可以掌控什麼，而是因為我們不需要掌控太多。

其實那些困擾我們的並不是事情本身，而是由這些事情而產生的負面情緒，這些負面情緒會讓我們的身心感到非常疲憊。

也許生活中，每天有很多事情在等著我們去做，我們可以每天忙碌得不可開交，但是只要我們的心能夠不受這些事情產生的負面情緒影響，這些讓自己倍感忙碌的事情就不會對我們有任何的影響，一晃即逝。此時我們的內心就如同天空一樣，而外界發生的事情則像是白雲，雖然總是會出現，但是也遲早會消失。

釋放內心的力量還有非常重要的一點，就是允許自己順流而行。

當我們遇到一件自己討厭的事情，就會感到憤怒。面對憤怒的情緒，如果我們無法接受，且因為憤怒的情緒而不斷責怪自己，那麼今後我們產生憤怒情緒的機率將會更高。如果我們能夠和憤怒、自責和平共處，心中的負面情緒將會很快就過去，然後，我們該去道歉就去道歉，該去改正就去改正。

有時，人生就像是一條河流，無論我們是否願意，它都在

不停地向前流動。我們需要做的就是順流而下，讓河流帶著
我們前行，這樣我們才能感受到輕鬆和自在。而在我們不斷放
鬆、不斷順流前行的過程中，內心的力量就自然流露出來了。

第 *11* 章
英雄的武裝：意識與潛意識的力量

> 能夠限制你的只有你自己的意識，
> 那是你內心的拒絕

  「無名小姐，你知道你的問題在哪裡嗎？你自稱你有一個自由的靈魂，是一個『野東西』，卻害怕別人把你關在籠子裡，其實你已經身在籠子裡了，這是你親手建起來的，不管你在西方還是在東方，它都會一直緊隨著你，不管你往哪裡去，你總受困於自己。」

──《第凡內早餐》(Breakfast at Tiffany's)

  2016 年，我的身體生了一場不大不小的病。病中疏於保養，病好之後，我為了自己的身體開始攝取很多營養，不出意料地，我胖了。但是光是胖還好說，因為我畢業之後就沒有運動過，透過這場病，我意識到自己的身體很差，我需要運動。

  但是，「我需要運動」和「我運動」本身還有著不小的距離。有人建議我應該每天抽出時間去跑步，這才是最簡單也最有效的提升身體健康的方法。但是我覺得因為每天工作都太累了，而且我還有一個更有力的不去運動的理由：那就是我從小的身體就比較弱，上學時體育成績從來都是班級倒數幾名，如今坐

辦公室幾年下來，體能更差了，所以我覺得自己根本沒有辦法透過跑步來鍛鍊身體。

不過，在我住的社區旁邊有一個公園，每天我回家的時候，都會路過這個公園，我常常透過公園的鐵柵欄，看到裡面有一個圍著公園步道夜跑的女孩，風雨無阻。

我知道這個女孩，她和我住在同一棟大樓，我們曾在電梯裡遇到過。

我自從看見這個女孩每天都堅持跑步，每次路過公園時都會特別注意一下她是不是在。其實我心裡對她非常羨慕：我心想，如果自己能夠有她這麼好的體力，也肯定可以天天跑步，可惜我從小體質就不好 —— 當時的我的確是這麼想的。

直到一天，我下班回家。在等電梯的時候碰到了那個天天在公園跑步的女孩，不過使我震驚的是：此時的她正坐在輪椅上，而她腰部以下，只有一條完整的腿，另外一條從大腿開始就什麼也沒有了。

她注意到我在看她，朝我微笑了一下。

雖然此時向對方開口詢問是不怎麼禮貌的，但是我實在抑制不住自己的驚訝，開口問那位女孩：「我每天都看你在旁邊的公園跑步，你怎麼……」

她回答說：「我也有時能看見你呢。我從小就因為車禍失去了一條腿，我跑步時用的是義肢，昨天義肢送去維修了。」

我聽了完全更加吃驚了：「那你每天跑步，會不會很辛苦？」

女孩回答說：「剛開始時很辛苦啊，義肢接觸的地方常常會磨破皮，不過除了這以外也沒什麼了。」

這時電梯門開了，那個女孩坐著輪椅出去了。回到家以後我卻沉思了很久：在那之前，我一直認為自己體質差，但是我畢竟是個完全健康的人啊！為什麼我會一直用體質差為理由阻礙自己呢？

漸漸的，我也開始和那個女孩一樣在公園裡夜跑。有時我們還能碰見。雖然剛開始我跑得非常慢，一次能跑的距離也非常短，但是我終於發現自己是可以跑步、而且可以跑得很好。這並沒有什麼難的，這些只是因為我開始跑。

莎士比亞說過：本來無望的事，大膽的嘗試，往往能成功。很多事情原本我們是可以做到的，但是只因為我們的意識認為做不到，所以我們就不敢也不願意去嘗試，導致本來可以做到的事情，最終也沒有做到。

有時我們做不到，是因為一件事情沒有做任何嘗試，我們的內心就替自己下了定義：「我做不到這件事情。」

然後就心安理得地把事情拋到一邊，繼續自己從前的生活。於是我們連嘗試都沒有嘗試，就選擇了放棄。

人類是非常神奇的一個物種，雖然我們的科技已經探索到了遙遠的宇宙深處，但是我們對自身的了解卻十分欠缺，尤其

是對大腦。很多時候，人是無法用常理來判斷的，一件事情我們是否能夠做到，也不是僅靠想像就可以判斷的。

如果僅靠想像就告訴自己不行，就不再去嘗試，那麼如今我們可能還生活在原始社會。因為每一個發明創造在出現之前，都被人認為是不可能，都是無法做到的。但是最終，我們還是做到了這一切，只因為我們選擇了嘗試，沒有讓意識和內心限制自己。

有一個人總是感覺自己不夠優秀，所以為此非常苦惱。一位朋友就對他說：「既然你覺得自己不夠優秀，為什麼不向那些優秀的人學習，成為一個優秀的人呢？在你周圍有很多優秀的人。」

這個人回答：「是的，我很早就注意到我周圍的優秀的人了，我也想成為他們那樣，但是太難了。」

朋友說：「你可以先嘗試一下，然後再擔心其他的事。」

這個人就按照朋友說的去做了，結果真的做到了，成為了一個和之前他嚮往的人一樣優秀的人，這時他才發現，原來這件事情並沒有想像的那麼難。

大多數時候，我們都告訴自己不要盲目的自信，因為盲目的自信會讓我們做出錯誤的判斷，從而造成不必要的損失，所以我們在做出判斷之前，先要根據自己的能力、資源等等因素進行理性的分析，然後再做出判斷。

　　然而有時人是需要一些盲目自信的。如果我們在做一件事情之前過於理性，那就很可能因為理性而忽略掉自己本來擁有的一些潛力，然後做出錯誤的判斷，用這些錯誤的判斷作為自己不去做的理由。

　　有時我會羨慕那些具有盲目自信和想到什麼就立刻去做的人，因為他們給我帶來的感覺就是具有極高的執行力，這是一種我欣賞的特質。

★不要讓未來的自己後悔今天的選擇

　　著名主持人蔡康永曾經說過這麼一段話：15歲覺得游泳難，放棄游泳，到18歲遇到一個你喜歡的人約你去游泳，你只好說「我不會耶」。18歲覺得英文難，放棄英文，28歲出現一個很棒但要會英文的工作，你只好說「我不會耶」。人生前期越嫌麻煩，越懶得學，後來就越可能錯過讓你動心的人和事，錯過新風景。

　　人生就是如此，我們經常悔恨過去，但是卻很少思考，為什麼我們當時沒有踏出第一步。

　　無論我們想要做什麼事情，最難的往往就是踏出第一步，當我們踏出第一步之後，就會發現事情遠遠沒有我們想像的那樣複雜。

　　在人生的道路上，我們每天都在做出選擇，雖然大多數的選擇看上去都微不足道，但是這些選擇都將會對我們未來的人

生產生重大影響。

有時，我們在做一件事情之前不需要考慮太多，因為和失敗相比，我們被自己的意識限制而不敢去做，才是更糟糕的結果。

就像我的一位朋友，剛從學校畢業就和大多數畢業生的做法一樣，他費盡心思的想要找一份穩定的工作，讓自己能夠安定下來。但實際上他並不想要這樣，因為在大學時他就一直想要創業，但是他出生於農村家庭，父母都是道道地地的農民，所以他在潛意識中總是認為自己並不是做生意的人，所以大學畢業之後，他只選擇去找工作。

然而在上了一年班之後，他開始對自己今後的人生感到困惑。於是他問自己：「難道自己後半生都要一直像現在過著朝九晚五的生活？這樣的生活，自己能感到快樂嗎？」答案是否定的。最終他意識到，真正可怕的不是創業失敗，真正可怕的是自己在若干年後回望人生，發現最後悔的就是渾渾噩噩地度過了這麼多年。

下定決心之後，這位朋友就開始行動起來，他辭掉了工作，勇敢地邁出了創業的第一步。創業是艱難的，但是也並沒有最初想像的那麼艱難。用他自己的話來說就是：「摔倒了就爬起來，爬起來再摔倒，然後繼續爬起來。」

就是如此。

如今這位朋友雖然公司的規模還非常小，只有二十多人，但是年獲利已經有數百萬之多。對於未來，他說：「無論公司未來發展情況如何都無所謂，因為這不是最重要的。重要的是嘗試過，努力過，竭盡全力過。」

擺脫期望和舒適的彈力繩，讓願景指引你的方向

「你不停地和外界的誘惑和阻力進行抗爭，有沒有想過最大阻力是來自於你自己呢？」

—— 關於阻力

最近我的一位好朋友又在向我抱怨，抱怨的對象不是別人，正是她自己，因為她的學習計畫再次失敗了。之所以我要說「再次」，是因為這次只是她無數次失敗的學習計畫中最新的一次。

每一次在制定計畫之前，她豪言壯志的要徹底改變自己，要不斷提升自己，然後開始制定詳細的學習計畫，購買學習的書籍。不過這種狀態通常持續時間超過不了一個星期，然後就回歸了原來的「正常生活」。

在我朋友身上出現的這種現象並不是特例，相當一部分的人都有過類似的體會。曾經我一度以為造成這種現象的原因很簡單，只是因為他們缺少自我約束能力。但是在我認真思考這

一問題之後，才明白我們經常改變自己失敗，是因為我們替自己編造了一個自我改變的騙局。

很多時候，我們會因為某個原因而突然想改變自己。這個原因有很多種，也許是因為他人的一句話；也許是一部觸動我們的電影；也許是一次難忘的經歷……在這些原因的推動下，我們頓時感覺豪情萬丈，然後做出改變自己的計畫。

然而相當一部分的人在幾天之後豪情退去，改變也就宣告停止，並且每一次嘗試改變都是如此，無論最初有多堅定的決心，最終卻都回到了原點。同時每一次在我們選擇放棄的時候，都會為自己找出一個看似合理而正確的理由：「最近工作比較忙，學習計畫過段時間再說吧！」、「最近身體狀態不好，鍛鍊計畫暫時停止吧。」

為什麼我們願景要改變？從本質上來看，願景改變是因為我們意識到自己還有不足的地方，但是這些自身的不足真可以推動我們改變自己嗎？從每次失敗的結果中就可以看出答案是不能。

那我們為什麼還要一次次的嘗試？

因為我們將改變當成了一種安慰劑，來安慰我們：我們嘗試改變過。當安慰自我的作用達到之後，豪情也就到了退卻的時候，於是我們為自己找到一個合理的理由恢復原先的生活，然後用曾經嘗試過聊以自慰。直到安慰劑效果逐漸消散，我們

再次強烈意識到自身的不足，於是又開始重複上一次的過程。

在這個過程中，我們想要改變是因為發現了自身的不足，發現了不足就要尋找不足的原因，然後制定相應的改變措施。整個過程其實就是先發現問題，然後尋找原因，最後解決問題，這是大多數人都會採用的一種思考方式。

比如我們發現自己的身體經常容易感冒，原因就是抵抗力差，所以就需要透過運動來提高身體抵抗力，解決感冒的問題。

這個思維邏輯看起來非常合理也非常正確，我們改變的力量就源自於想要提高自身免疫力的願望，這個願望促使我們採取行動。不過物理學告訴我們，力的作用永遠是相互的，這也就是說，當願望促使我們採取行動的同時，一定還會有一個反作用力在阻止我們改變，而這個反作用力就是懶惰這一類讓我們無法堅持改變的東西。

★小心那個來回擺動的彈力繩

我們可以想像這樣一個情景：

一個人站在兩根柱子之間，這兩根柱子上各綁了一根彈力繩，而彈力繩的另一端則綁在中間的我們身上。此時我們可以將向左邊的柱子移動的過程想像成改變自己的過程，向右邊移動的過程則是我們墮落放縱的過程。同時在我們左右移動的時候，彈力繩分別會對我們產生兩個方向截然不同的力，拉動我們向左移動的力就是期望，而拉動我們向右移動的則是舒適。

　　當我們意識到自身存在不足需要改變的時候，就會努力向左邊柱子前進，但是隨著改變程序的繼續，期望彈力繩對我們產生的力越來越弱，而舒適彈力繩對我們產生的力則越來越強。所以我們在改變的過程中每前進一步，都需要付出比上一步更大的力量。

　　如果我們在這個過程中突然放棄努力，舒適的彈力繩就會以極大的力量快速將我們拉回右邊的區域，也就是讓我們感到舒適的區域，此時我們就是在不斷的放縱自己。

　　不過在我們向右移動、不斷放縱自己的時候，舒適彈力繩對我們的作用則在不斷減弱，期望彈力繩把我們向左拉的力量則在不斷加強，在這種情況下，當我們放縱到一定程度之後，就又會在期望彈力繩的作用下，重新開始改變自己，開始了向左移動的過程。

　　我們在一個斜坡上放上球，它一定會朝著斜坡的下方滾去，因為向下的阻力最小。所有的物體都會朝著阻力最小的方向運動，這是物理學規律。

　　而我們在生活中因為一些事情感覺到不舒服時，就會採取行動改變這些事情，減少我們不舒服的感覺。當這個目的實現之後，我們也就不會再開始行動，直到下一次讓我們不舒服的事情出現，我們將會再次採取行動，就像前面我所說的在兩個柱子間來回擺動。因為我們也想要向阻力最小的方向運動，什

麼都不做，對於我們來說就是阻力最小的事情。

實際上當我們處於這種狀態時，看上去一直都在行動，但其實根本沒有行動，一切都是彈力繩的作用結果，我們只是任由彈力繩擺布，所謂的行動也是重複性行動，沒有任何實際意義。

現在我們就可以發現其實這是一個循環的過程，我們在期望和舒適的兩根彈力繩作用下來回擺動，周而復始。這也就是說，那些不停改變之後又放棄的人其實並不是真正的想要改變，這些都是期望和舒適兩根彈力繩作用的結果，所以他們的改變只是一場騙局，因為根本不可能成功。

唯一讓我們真正展開行動的就是來自外界的壓力。這種外界壓力每個人都感受過，最典型的例子就是那些總是將問題留到最後一刻的拖延症人群。

當有拖延症的人面對一項工作時，最開始他們不會去做，因為此時他們處於舒適的狀態，所以不會採取行動。但是隨著工作要求完成的時間越來越臨近，此時外界的壓力就此產生，並且不斷的增大，直到最後到了無法忍受的時候，那些患有拖延症的人才開始完成工作。

來回擺盪的還存在另一種結果，就是我們不願意忍受彈力繩強大的拉力，從而降低預期的目標，也就是縮短兩根柱子之間的距離。當然，這種做法唯一效果就是讓改變的目標降低，但是我們依然還會在縮短距離的兩根柱子間來回擺動，直到最

後，我們將兩根柱子合為一根柱子，也就是我們不再追求改變和約束，完全隨心所欲。不過，處於這種狀態的人，通常都得不到一個自己喜歡的結果。

當然，有些事情是我們無法逃避的，也就是說，有些事情我們無法讓兩根柱子合為一根柱子。就像拖延症患者一樣，無論他們再怎麼不想做一件事情，但是都有外界的壓力要他們強行去完成。所以我們就從這種方式中學會了人為的替自己增大壓力，以此來迫使自己必須做出行動。

這種方法幾乎每一個人都曾經經歷過，因為這種方式廣泛的出現在我們生活中。上學時很多人並不喜歡寫作業，但是每天又一定會寫。因為老師讓我們知道不寫作業會受到懲罰，並且還會告知我們的父母。而父母在知道這件事情後，同樣會訓斥或者懲罰我們，所以雖然我們不願意，但是在老師和父母的雙重壓力下，大多數人都每天完成作業。

同時我們自己也學會了這種方式，具體表現為做一件事情之前，提前設想無法完成的後果，並且通常都會擴大這種後果，以此來向自己施加壓力，強迫自己完成這件事情。不過隨著這種方式使用次數的增多，我們就會對壓力產生一定的耐受性。所以每一次採取這種方式強迫自己行動時，我們都要施加更大的壓力。長期如此，我們就會習慣使用這種類似於恐嚇的方式，並且如果不適用這種方式，我們將不願意行動。

很明顯這並不是一種好的方式，而是一種惡性循環，但是我們卻又無法走出這個循環，感覺確實是有些無力。

那我們究竟該如何去做呢？很簡單，改變「恐嚇」驅動，用願景來驅動我們行為。

也許有人會認為願景驅動和之前提到的期望一樣，同樣會讓我們陷入兩個柱子的來回擺動之中，實際上兩者並不一樣，並且有很大的差異。

在「來回擺動」的模式中，我們一直都沒有任何行動，只是受到彈力繩的擺弄。所以所謂的「期望」也只是在彈力繩的作用下，我們為自己毫無實質作用的行為找到的合理理由。而願景則讓我們脫離了彈力繩作用範圍，真正讓我們自己來主導自己的人生，從而實現自己的人生願望。

想要找到一個真正能夠改變自己的願景，我們首先要做的是認真思考自己究竟想做什麼？想要得到什麼樣的結果？並且這兩個問題的答案必須是清晰、明確和可行的。而不是諸如「下個月之前我提升自己的英語水準」之類的「目標」，這類「目標」就是我們為自己行為找到的合理理由，也正是因為有太多這樣的「目標」，讓我們像一個玩具在原地運動。

當我們為了一個自己認為至高無上的願景去奮鬥時，這時願景就成為了一種發自內心、無比強大的力量，這股力量將幫助我們擺脫彈力繩的束縛，快速奔向遠方。

扭轉當下困境
—— 盤旋上升才是勇攀高峰的唯一路線

「恆星已經閃爍了很久，但它們的光芒還沒有照到我們。這就是說還有希望。」

—— 尚‧布希亞（Jean Baudrillard），
《冷記憶》（*Cool Memories*）

有一個叫做 Sean Swarner 的美國人，1988 年，年僅 13 歲的 Sean 突然感覺身體不舒服，當父母帶他去醫院檢查之後，醫生告訴 Sean 的父母，Sean 得了霍奇金淋巴瘤，並且已經到了末期。對此，醫生非常不樂觀，判斷 Sean 最多只能再活 3 個月。當時年紀還小的 Sean 並不知道這種病到底是什麼，他只是感覺自己的身體越來越不舒服，並且因為治療的副作用，Sean 像吹氣球一樣胖了起來。

不過幸運的是，最終 Sean 並沒有像醫生說的那樣只能活 3 個月，並且在 20 個月之後病情開始好轉。然而就在大家都慶幸 Sean 病情即將康復的時候，Sean 再次感覺到身體不舒服，這次的檢查結果是他患上了尤文氏肉瘤，此時的 Sean 還不到 16 歲。

因為肉瘤是長在 Sean 的肺部，醫生將 Sean 的一個肺進行手術，但是手術效果並不理想。所以醫生再次告訴 Sean 的父母一個數字：14 天。也就是說，醫生認為他只能再活 14 天。

此時的 Sean 已經接近於是成年人了，他明白醫生說的數字意味著什麼，同時也明白無論病症是否能治好，他都將會遭受極大的痛苦。甚至有醫生建議不要進行治療，因為很可能出現的情況是 Sean 經歷了無比痛苦的治療之後，依然會在 14 天之後死於病痛。

Sean 自己並不同意醫生的這個建議，已經經歷過一次癌症的他知道治療帶來的副作用有多痛苦，但是他依然願意嘗試，因為 Sean 認為自己的人生才剛剛開始，不應該就此放棄。於是痛苦的治療開始了。

經過治療，14 天之後，雖然 Sean 的病情還是非常嚴重，但是他卻沒有死。在之後的一年時間裡，Sean 幾乎都是在病床上躺著，並且大多數時間都處於昏迷狀態，隔一段時間就要進行一次放射治療或者化療。

眾所周知，無論是放射治療還是化療，都對身體有極大的損害的，因為它們在殺死癌細胞的時候還會殺死身體正常細胞，很多癌症患者進行化療反而加速了他們的死亡。然而幸運女神再次眷顧了 Sean。放射治療和化療的效果非常好，它們殺死了癌細胞的同時，並沒有對 Sean 造成太多的傷害，也就是說，Sean 再一次恢復了健康。

出院之後的 Sean 上了高中，之後又考上了大學，然後和正常人一樣從大學順利畢業。但是在畢業之後，Sean 卻做出了一

個和大多數人都不同的選擇，他選擇成為一個職業登山者，因為這是他童年時期就有的夢想。

很多人勸 Sean 不要這麼做，因為雖然他兩次都戰勝了癌症，不過他的身體卻還是十分虛弱的，很顯然，登山這種活動並不適合 Sean，但是兩次和死神擦肩而過的經歷，讓 Sean 對人生有了與常人不一樣的看法。Sean 從沒有認為自己和其他人相比有什麼不一樣的地方，在他看來，得了兩次癌症只不過是自己人生當中的小插曲罷了，它們最多只是放緩了自己前進的腳步，但只要自己還活著，就沒有什麼能夠阻止自己前進的步伐。

就這樣，在 Sean 的堅持下，他成為了一位登山者，並且還將自己第一個登山目標設定為聖母峰。要知道 Sean 只有一個肺，想要只靠一個肺就登上聖母峰，這聽上去似乎有些像是天方夜譚，Sean 的決定再次遭到所有人的反對。不過 Sean 依然非常堅定，最終他說服反對他的人，開始參加登山培訓。

經過很長一段時間的訓練，1998 年，23 歲的 Sean 來到了聖母峰的腳下，開始和朋友一起登山，最終 Sean 成功的登上了喜馬拉雅山，成為了第一個只有一個肺就登上喜馬拉雅山的人，同時也成為了第一個登上喜馬拉雅山的癌症倖存者。

在登上喜馬拉雅山之後的 19 年時間裡，Sean 繼續自己的登山事業，最後他將七大洲的最高峰都攀登了一遍，並且還去過南極點。如今的 Sean 又開始準備前去北極點，同時 Sean 還建

立了一個公益組織，這個組織致力於免費帶那些患有癌症，但是又想要登山的年輕人完成自己的夢想，讓他們明白癌症不過是人生當中的小插曲，只要擁有夢想，就沒有什麼能夠阻止自己前進。

如今 Sean 已經成為了標竿性人物，無數的癌症患者在他的幫助下，重新恢復了對生活的希望。不過因為各方面原因，現在全世界的癌症患者數量正在急遽上升，每年都有上千萬人患上癌症，然後在痛苦和絕望中死亡。很多時候，殺死他們的並不是癌症本身，也不是治療癌症時產生的各種副作用，真正殺死他們的是他們的絕望。

在我身邊就有這樣的案例。一個年輕人患上了胃癌，醫生對他做了胃部切除手術。手術可以說是相當成功的，術後恢復的情況也不錯。但是這個年輕人卻因此喪失對人生的希望，因為他始終在擔心自己的癌症會復發。醫生告訴他，雖然切除胃部之後依然有復發癌症的機率，但是這個機率要小得多，不過這個年輕人並沒有因此恢復信心。

他開始拒絕出門，拒絕和其他人交流，每天只將自己關在屋子裡。沒過多久，這個年輕人就患上了憂鬱症，身體的狀況也每況愈下，最終死於癌症併發症。這個年輕人其實是被癌症「嚇死的」。

人生道路之中，我們經常會說：一帆風順啊、青雲直上啊、

一往無前啊……

　　但是很多時候，我們並不是一直向前，也不是一直往上走。那時我們會認為自己的人生已經墜入谷底，即使是最樂觀的人，也會認為此時自己是停滯不前的。但是事實上，我們的人生是像髮夾彎的山路一樣，山頂就是我們的目標，我們並不是每時每刻都在上升，有時甚至因為地形問題，我們還會下降一段時間。但是只要我們勇敢面對，我們就可以超越逆境，實現人生的盤旋上升。

★逆境商數（AQ）

　　如今大多數人都了解智商（IQ）和情商（EQ）這兩個概念，但是實際上除了 IQ、EQ 之外，還有一個類似的概念：逆境商數（AQ），通常我們將它們三個並稱為 3Q。

　　逆境商數（AQ）指的是我們在遇到逆境時的處理能力，換一種較為通俗的說法就是我們對挫折的承受能力。

　　一個人的 AQ 越高，那麼當他在面對逆境時就越樂觀，然後積極採取行動和逆境相抗爭。相對應的，一個人的 AQ 越低，那麼當他在面對逆境時就越悲觀，對逆境感覺異常沮喪，從而選擇逃避或者是自暴自棄。

　　案例中的 Sean 很明顯就是一個 AQ 非常高的人。兩次癌症都沒有擊垮他，即使在得知自己只能活 14 天的時候，他依然沒有失去希望，還是選擇與病魔對抗。最終 Sean 的抗爭發揮了效

果，他成功地戰勝了病魔。

反觀之下，在我身邊患上胃癌的年輕人就是一個 AQ 很低的人。即使在癌症治療已經獲得不錯結果的情況下，他依然承受不住壓力，失去了對生活的信心。這也是最終導致他死亡的原因。

在本書中，我多次提到過人生不可能是一帆風順的，借用國外一位作家的話來說就是「沒有不痛苦的人生，人生苦難重重」。但是我們始終要記得，任何苦難和逆境都是有期限的，也許在這個期限內，我們會感到無盡的痛苦，但是它不能妨礙我們前行。除了我們的努力對抗之外，時間也是一副良藥，任何苦難和逆境，最終都會隨著時間的推移而消失，我們的人生始終是在盤旋上升。

第 *12* 章
訂製你的逆境轉機之旅：
個性化的轉變和成長

▓ 第 1 步　測試胸圍即胸懷：目標使你獲得人生動能

「如果不去遍歷世界，我們就不知道什麼是我們精神和情感的寄託，但我們一旦遍歷了世界，卻發現我們再也無法回到那美好的地方去了。當我們開始尋求，我們就已經失去，而我們不開始尋求，我們根本無法知道自己身邊的一切是如此可貴。」

—— 安東尼・聖修伯里，《小王子》

只有當你有了適合胸懷的目標，才能使你的人生獲得動能。

就像每個剛學會走路的嬰孩，也會踮起腳尖，伸手觸摸高處的美好玩具，你的目標不宜過大，只求踮起腳尖的高度，才能讓你的動力十足。

每個人的人生都需要一個目標，但是大多數人卻不知道為什麼自己的人生需要目標。

從某種角度來看，我們所有人的最終目標都是一致的：就是用自己可用的有限金錢，盡可能讓自己的人生幸福感達到最大化。這裡的幸福感可以來自於任何地方，只要它能讓我們感

到幸福。

　　然而道理總是十分簡單的，實踐卻總是很困難的。我們當中很多人都認為這是一件非常難以做到的事情，因為我們不知道自己應該如何去做。實際上，這個問題的最難之處就在於怎樣使我們的幸福感最大化。這是一個非常非常複雜的問題，在解出這個答案之前，我們至少要做幾千次、幾萬次的正確選擇，而我們卻指望用現有的思維去解決它，這就是一件非常可笑的事情。

　　因為我們需要知道，思維是有它的極限的。有時候面對一個問題，我們費盡心思去思考，但是最終卻沒有尋找到答案，這就是因為我們的思考能力已經到達極限。最簡單的例子就是，我們可以很容易地用思維來計算出個位數的加減法，但是如果讓我們用思維來計算十位數的加減法，它就不行了，並且很多時候，我們的思考能力會被自己的慾望所代替。

　　比如我們正在看電視劇，結果發現到了該學習的時間了，這是就會思考一個問題：我是否應該去學習。然後得到的答案就是：學習需要集中精力，我現在精神有些疲憊，需要看電視劇休息一會，然後才能保證之後的學習更有效率。

　　表面上看是我們的思維對問題給出了答案，實際上並不是，真正給出問題答案的是我們的慾望，然後用思維的名義告訴自己，現在繼續看電視劇是正確的。而在這一切發生過之

後，我們回過頭再看整件事情，比如說學習結束，到了要考試的時候，此時我們才會發現自己當時其實是用「慾望」代替了「思維」做出選擇，同時，看電視劇也沒有讓我們產生任何幸福感，只讓我們感覺到生活的空虛。

任何一個人都不想讓自己的生活完全由慾望去控制，所以我們就需要人生目標的存在。

因為有了人生目標之後，慾望就無法再代替思維為我們做出選擇了，人生目標讓問題的思考過程變得簡單了許多。

比如我們的人生目標是「成為一名大學教授」，那麼當我們思考自己應該繼續看電視劇還是去學習的問題時，只要考慮看電視劇和學習哪個有助於自己成為大學教授。顯然是學習更有助於我們成為大學教授的目標，所以我們應該做出的選擇就是放棄看電視劇，然後去學習。這才是思維選擇的結果。

這也就是為什麼很多心中有明確目標的人，每天都將自己的時間表排得非常滿，一點都不會浪費。

因為人生目標就是人生動能。請你回顧你過的人生中，有哪些事情是會讓你非常開心的？有哪些事情會讓你獲得成就感呢？……當我們做完分析之後，就可以知道自己大致的興趣究竟在哪裡。

最後我們還需要思考價值觀，對自己想要過上的生活造成的影響。價值觀本身是一個較為複雜的概念，但是我們要做的

很簡單，就是將一些自己認為重要的東西做出先後排序，然後根據這些東西的順序來確定自己想要的生活。比如我們的排序是愛情、親情、事業……，那我們想要過的生活就是以愛情和親情為主，最後才考慮事業。

最後，我們將上面得出的訊息結合在一起，我們想要過的生活框架就搭建完成了。

★學會區分慾望與真正的目標

人生中有幾個關鍵字，也許我們一直沒有明白過，其中就包括「慾望」。和人生目標一樣，慾望同樣能夠為我們帶來動能，同樣能驅使我們不斷向前奔跑。

在現實生活中，有很多真實存在的東西無時無刻吸引著我們，比如：金錢、房子、工作等等，我們願意為了這些去付出，願意為了這些去努力，無論代價是什麼。可能我們願意為之付出的東西不受主流社會認可，也許我們拚命想要獲得的東西是他人不屑一顧的，但是在我們心中，這些就是自己想要的一切。

我們每個人都應該有過這樣的體會，每個人都有為了自己想要的東西付出努力的經歷，即使我們想要的東西是一項電玩遊戲裡的道具，也曾經為之熬夜付出過。所以我們每個人對努力向上的雞湯故事已經反感，因為其實我們每個人都曾經拚命付出過。

真正影響我們的是，也許我們跑得很快，卻不知道自己跑

步的方向是否正確。

在這個世界上，大多數人都在為了滿足自己的慾望而不斷努力，希望透過實現慾望來獲得滿足感，從而提升自己的幸福感。這就是因為我們用當前的標準來想像未來的感受。

實際上，要獲得幸福感，我們不需要更多的金錢，不需要更大的房子，也不需要更好的工作，因為它們能夠為我們帶來的幸福感是有限的。

大多數人都抱著這樣的想法：一樣東西自己現在得不到，只要今後自己足夠努力，就一定可以得到。而我得到它的時候，我一定會很快樂。

因為有這樣的想法，所以我們會像推理一樣對現在下結論：我們之所以不快樂，是因為沒有過上想要的生活。

但是真的是這樣嗎？

你真的知道自己真正想要的生活是什麼樣的嗎？

我曾整理過自己曾經知道的、認識的、了解的出類拔萃的同齡人，以及那些人生經歷遠超他人的一些年長的前輩，和我見過的那些已經堪稱功成名就的「傳說級人物」，他們都以自己的經歷告訴我一件事：

外界的名聲和利益，無論是常春藤名校的畢業證書、年薪百萬的工作、奢華的房子、昂貴的跑車……這些都無法真正滿足一個人，人類對慾望的追求是永無止境的。

同時，無論我們是透過何種方式獲得這些東西，它們也都無法為我們帶來更多的幸福感。

我們可以想像一下：假如現在自己是一個剛從學校畢業的學生，還沒有工作，只能居住在陰暗潮溼的地下室裡，此時我們想著什麼時候住上一個寬敞點、可以晒到太陽的房子就滿足了。兩年以後，我們有了工作，有微薄的收入，所以離開了地下室，搬入了租來可以晒到太陽的一個套房，此時我們會有滿足感嗎？不會。此時我們的願望變成了能夠擁有一間屬於自己的房子。然而十幾年之後，我們透過自己的努力，有了一間屬於自己的豪宅，我們就能夠滿足了嗎？依然不會。因為這時，我們曾經的願望又被其他所替代。

時間在不斷前進，我們的想法和觀念也在不斷進步。然而有時我們會從當下的標準去衡量今後的滿足感，衡量的標準是錯誤的，但是我們卻誤以為自己的方向是正確的，此時我們很容易就在前進方向上出現偏差。

人關於幸福感的需求是相當奇特的。假如一樣東西能為我們帶來幸福感，當我們獲得第一個時，就會產生非常高的幸福感，我們獲得第二個時，也會獲得幸福感。然而獲得的數量和幸福感程度卻不是正比。我們獲得數量不斷的增多，不代表幸福感程度會不斷的提高，甚至還有可能會略微的下降。這也就是說，一樣東西能夠為我們帶來的幸福感是有限的。

　　這個理論適用於各個方面。我們貧窮時，金錢可以為我們帶來幸福感，所以當我們從沒有錢到賺到了一千元，幸福感油然而生，然而我們從賺到的一千萬元到最後我們賺到了兩千萬元，兩者能夠為我們帶來的幸福感是差不多的。我們回過頭來看，就會發現慾望是很難滿足的，每當我們滿足一個慾望，就會有新的慾望出現。

　　慾望和目標，其實是兩種完全不一樣的東西，但是我們卻經常會將慾望當成是目標。

　　當我們有一個簡單、直接直指人心的人生目標之後，我們就會發現在思考一些選擇上的問題時就會非常簡單，並且輕而易舉地就可以做出正確的選擇。當然，這裡我所說的人生目標並不是我們的慾望，而是將那些「偽裝的人生需求」排除在外，最終得到的我們內心最想要獲得的，也是我們真正需求的東西。

　　而在我們實現這樣一個目標的過程中，只要我們還是一直朝著正確方向前進，幸福感就會時刻伴隨我們，並且隨著距離目標實現的接近逐漸增大，最終實現幸福感的最大化。

第 2 步　測試腰圍即腎力：所有的行動根植於夢想

　　「噪鵲從來不會自己築巢，牠們總是在別人的巢裡下蛋。要孵蛋的時候牠們會怎麼辦？牠們會把其他的蛋從巢裡擠出去，然後競爭結束了。牠們的生命就是從謀殺開始，這就是大自

然 —— 競爭或死亡。你們也和噪鵲一樣。生活就是賽跑，你跑得不快，就被別人踩倒。」

—— 《三個傻瓜》

所有的行動都根植於腰圍，有了引擎，讓中段強而有力，才能讓夢想擁有重量。

沒有規律沒有規矩，時間分配不合理，是毀人生的大事。你把時間用在哪裡，哪裡就會有收穫。去年的計畫，昨天的人生，今年的執行，今天的當下，明年的收成，明天的希望。

然而曾經不只一次，有人對我說過這樣的一段話：「你說得十分有道理，我也非常明白，但是卻總是做不到，所以還是算了吧。」

是的，很多道理都是非常簡單的，一般人聽了之後馬上就可以明白，但是一想到實際操作起來就感覺困難重重，然後就說服自己放棄。

表面上看上去，這是我們對自己的執行力沒有信心，但真相卻並非如此。自律能為我們帶來真正的自由，每個人都會說自己非常嚮往這種自由。但事實是，也許我們確實嚮往這種自由，不過我們對這種自由的渴望遠遠沒有想像那樣強烈，因為和這種「陌生」的自由相比，「熟悉」的隨心所欲更是我們希望的。

我們之中的很多人都更加喜歡自己「熟悉」的模式，而不是

那些聽起來非常嚮往，但是對自己來說卻十分「陌生」的模式。

比如：

「新開了一家餐廳看起來很不錯，不過我還是喜歡經常去的那家餐廳，因為我熟悉有保障……」

「那些揹著一把吉他流浪的街頭歌手，看起來真的是很有感覺啊，但我還是老老實實過自己的生活就好了，誰知道過那種生活會出現什麼樣的意外情況……」

還包括之前我提到的那句話：「你說得十分有道理，我也非常明白，但是卻總是做不到，所以還是算了吧。」

這些其實都是我們對陌生模式的恐懼在發揮作用：也許陌生模式看起來不錯，不過和自己熟悉的模式相比，我還是願意在熟悉的模式中，因為至少我知道模式潛在的缺陷在哪裡。面對這種思維上的阻礙，我們唯一的解決方法就是放下對陌生的畏懼。

我們在追求某項東西時，總有各式各樣的因素在影響我們前進，恐懼陌生就是其中的一個因素。但是我們要明白一件事情，這些影響我們前進的因素並不是在阻止我們前進，它們只是為了讓我們知道自己對追求的東西究竟有多麼渴望，同時將那些沒有足夠渴望的人排除在外。

所以如果我們真正渴望追求自由，真正想要獲得自律，是沒有什麼因素能夠阻擋我們的。

第 3 步　測試臀圍即定力：有定力才能寸步不偏

> 「也許人來到這個世界都有一種使命感，關於生命和情感都有自己的歸屬，於是就一定會有放棄，即使不捨。生命只是一個過程，最大限度地遵從自己的內心也是一種活法。」
>
> ——《碧海藍天》（*The Big Blue*）

一旦胸圍腰圍設定，必然要有匹配的臀圍。只有堅定不移的定力，才能成就胸懷裡的夢。

要保持自我的定力，才能在實現夢想的過程中寸步不偏。但是，在我們追求人生夢想中的過程，有兩種力量，卻會使我們的定力發生動搖：

第一個力量來自於別人，我把它叫做嫉妒和比較。這就好像我們在爬山的過程中，我們無可避免地會看到別人，會和別人比較，如果別人不如我們，會令我們驕傲，但是如果別人超越我們，又會使我們感到嫉妒。嫉妒和比較，往往會使我們偏離自己的既定路線。

第二個力量來自於我們自己，當我們缺乏自律，我們就會停止，甚至在爬山的過程中後退。

★消除第一種力量：把嫉妒和比較換成觀察和傾聽

嫉妒和比較是兩種在我們身上非常容易出現的現象，它們總會讓我們產生負面情緒，並且讓我們深陷其中，無法自拔。

　　嫉妒的感覺幾乎每個人都曾有體會，這也是一種非常常見的現象，但是雖然常見，我們對嫉妒卻並不是十分了解。舉個例子，我們很容易嫉妒身邊的人，但是很少有人去嫉妒英國的威廉王子（Prince William），雖然王子出身高貴、非常富有、是英國王位的繼承人，但是我們不會嫉妒他。因為他離我們太遠了。我們只會羨慕他，出現他的新聞時，我們就關注他。

　　我們不會嫉妒離我們太遠的人，我們嫉妒的都是我們認為離自己很近的人。我們做不到的事情，他或她做到了，我們得不到的東西，他或她得到了……

　　所以在我們身邊的那個人遇見了好事情的時候，嫉妒就在我們心中生根發芽，並且不斷地影響我們，讓我們在潛意識中總是貶低對方，或者期盼對方身上發生不好的事情。這是一種非常普遍的情緒反應，幾乎每個人曾有過這樣類似的體驗。

　　其實當我們心中產生嫉妒的情緒之後，不妨將嫉妒的對象當成是離我們非常遙遠的人物，這時就能拋開心中的嫉妒情緒，重新看待對方。不過這種心理的轉變不是短時間內就可以做到的，需要我們有足夠的耐心，慢慢讓自己去接受和適應。

　　對於比較，我們更加不陌生。我們當中的很多人從小時候就開始接觸到比較，最為常見的一個比較就是父母對我們說誰誰家的孩子怎麼樣，你又怎麼樣，這就是一種比較。而在十幾年的上學過程中，比較也總是貫穿其中。最為常見的就是考試

成績的比較、名次的比較。

在這樣的環境下，我們就養成了比較的習慣。所以在我們成年之後，即使沒有人拿我們去比較，我們自己也會和那些年齡相仿的人比較，我們會和如今年薪幾十萬的同學比較，我們會和整天出國旅遊的朋友相比。如果我們將目光再擴大一些，會發現在這個世界上，有更多和我們年齡相仿的年輕人擁有遠遠超越我們的成就。比如之前網路上流行一張照片，照片中的人是北韓最高領導人金正恩，旁邊配了一行文字：80 後的他已經是國家元首，手握核子武器的發射器，而同為 80 後的你呢？

實際上，我們其實不需要去和他們比較，在這個世界上，除了這些人之外，還有很多有意思的事情正在發生。當我們發現這個世界的廣闊之後，就會發現和那些「同齡人」其實並沒有什麼好比較的 —— 因為這個世界太大了。

嫉妒和比較讓我們的生活充滿不快樂，所以我們不需要它們的存在。但是這並不意味著我們應該完全不去了解周圍的人和同齡人，我們需要做的是去觀察和傾聽他們，然後再對看到的和聽到的進行思考，讓我們的大腦有足夠的時間去處理這些資訊。在我們對這些資訊完全處理完畢之前，不要對此發表看法，不要對這些資訊給出結論。我們可以對這些資訊產生質疑，我們可以不斷推翻自己現有的想法，然後去思考更多可能性的存在。這一切則需要我們大腦保持思考，不受他人和環境

影響的思考。要明白，我們自己在這個世界上是個獨特的存在，沒有人和我們一樣。

★消除第二種力量：自律讓我們成為自我的主宰

曾經有一段時間我相信，能夠隨心所欲的生活，是幸福的一個重要衡量標準，當我將自己這個觀點告訴其他人之後，其中有一個朋友對我說：

「隨心所欲並不能帶來幸福，自律的生活才能為我們帶來幸福。」

當時我對此還不是很理解。於是我在一個難得的假期中，試著開始一段「隨心所欲的生活」。

在那個不算短暫的假期中，我想睡就睡，想吃就吃，想玩就玩。一開始我只是睡到日上三竿才起，後來我發現，我甚至開始畫夜顛倒地生活。

一段時間的畫夜顛倒之後，我生理時鐘開始紊亂，隨之而來的就是失眠、焦慮；因為無法很好的安排自己的時間，總是將需要完成的工作拖到最後一刻去完成，這就導致原本可以好好完成的工作，最後只能草草了事，最後引起了極大的不必要的麻煩。

最重要的是，我發現隨心所欲為我的生活帶來了可怕的全面失控。

　　隨心所欲地生活其實就代表著不自律，而自律的存在對我們的生活是有積極意義的，因此每一個不自律的行為，最終都會替自己帶來痛苦。

　　不自律其實就是一種不懂得延遲滿足感的行為，當我以「人生短暫，及時行樂」來寬慰自己的時候，每放縱自己一次，最後都會讓我為此付出數倍的代價。

　　我們觀察那些有所成就的人，他們並不一定在天賦或者才能上遠遠超越普通人，但是他們一定都非常自律，過著有條不紊的生活。

　　也許有人認為這樣的生活確實對我們有好處，但是卻讓我們失去了自由，但事實並非如此。缺乏自律的自由並不是真正的自由，它只會讓我們成為慾望的奴隸。只有自律才能讓我們真正地獲得自由。

　　因為缺少自律的隨心所欲，其本質就是讓我們服從於慾望，躲避痛苦。此時看上去像是我們在主宰自己的生活，但其實是由慾望在主宰我們的生活，這樣的生活自然不可能是自由的。所以我希望每一位正在讀這本書的人都可以成為一個自律者。

屬於符合夢想之力的完美三圍

> 「在追求夢想的過程中，時間是唯一真實的貨幣。」
>
> —— 我的領悟

在追逐夢想的過程中，時間是我們唯一真實的貨幣。

透過時間這種貨幣，我們可以換取這個世界上任何一件東西，其中包括了金錢、包括了幸福，還包括那些超越金錢，讓我們人生更加有意義的東西。

不同種類的金錢貨幣匯率各不相同，購買力也有很大的差異，時間這種貨幣也是如此。有的人可以使用很少的時間貨幣就能換取大量的金錢和幸福，而有的人使用大量的時間卻只能換取少量的金錢和幸福，這就是時間貨幣匯率的差異。但是只要我們擁有時間貨幣，並且願意拿時間貨幣來換取東西，無論換取的數量是多少，我們都可以得到。

當然，時間貨幣對於每一個人都是有限的，也是公平的，只是匯率差異讓我們能夠換取東西的數量有所差異。所以我們在追求夢想時，必須要確定自己應該用時間這種有限的貨幣去換取什麼東西。也許我們在思考這個問題的時候會想：自己的人生旅途還很長，所以時間貨幣還有很多，不需要著急在這一時，有些東西雖然自己想要，但是可以放到以後再換取。

那麼我想說的是：「時間這種貨幣，總是在悄然之間就慢慢

地流逝了，就像我們刷信用卡買東西一樣，總是到了帳單日，才發現原來自己使用了這麼多。並且我們每個人都無法預知自己的時間貨幣究竟還有多少，所以請慎重考慮自己的選擇。」

★**讀過很多道理，卻依然過不好這一生？**

只有經歷才能把「道理」變成「意識」。

去體驗不同的經歷。

每個玩過電玩遊戲的人都知道「經驗」這種東西。在遊戲中我們需要去進行任務、去打怪，才能獲得經驗，然後才能升級，提升自己的各方面能力。進行任務和打怪都是一種經歷，這也就是說，經驗必須要用經歷來換取的。人生其實也是如此。我們可以將自己的人生想像成一個電玩遊戲，在遊戲中我們需要不斷去經歷各種事情，然後提升自己的經驗，然後透過經驗的累積，實踐自己能力的提升。

我們想要成功，我們想要有所成就。所以我們熱衷於閱讀各種名人傳記，看各種勵志故事，然後從這些東西了解道理，期望在自己身上應用起來。然而雖然我們已經將道理銘記於心，但是自己的生活卻總是沒有任何的變化。就像一部電影裡的那句臺詞一樣：「從小聽了很多大道理，可依舊過不好我的生活。」為什麼？因為只有經歷才能把「道理」變成「意識」，有了「意識」，我們才能真正有所行動、有所改變，從他人那裡「拿來」的道理是無法改變我們的。

　　一個非常簡單的例子就是每個人都希望過上幸福的生活，每個人也都知道幸福的生活需要自己努力去打拚，然而不願意努力打拚的卻大有人在。是他們不想要幸福的生活嗎？不是。是因為他們只知道道理，卻沒有自己去實踐、去行動的意識。

　　所以無論我們了解多少道理，也無法說服那些不斷想要獲得更多金錢的人，金錢其實並不是他們真正想要的；也沒有百分之百的把握能說服自己的父母，讓他們同意我們去追求自己想要的生活。雖然我們掌握的道理都是正確的。

　　在我們的人生之中，影響我們下一步選擇的只有我們已經擁有的那些經歷，而不是知道的道理。所以我們需要做的就是去體驗更多的不同的經歷。我們認識的每一個人、遇到的每一件事都是我們的經歷，這些經歷可以幫助我們去「意識」到過去那些只是知道、卻從沒發揮作用的道理。

　　它會幫助我們認識這個我們一直看到，但是從沒有真正理解過的世界。

　　不過，我們的時間貨幣和精力都是有限的，所以我們要牢記一點：不要重複同樣的經歷，因為我們不會從兩次完全一樣的經歷中獲得更多的東西，同時也是因為在這個世界上有太多有意思的事情，等著我們去體驗和經歷。

　　如果我們每天都在做著同樣的事情，總是在重複同一天的經歷，那我們的經驗就不可能得到增加，時間的流逝對我們來

說，意義只在於不斷的老去。然而如果我們能夠不斷的嘗試新的事情，去認識新的朋友，那麼我們的時間貨幣兌換率就大幅提高，因為我們經歷了更多，對世界的認知更多，獲得的經驗也就更多。

★執行你自己的程式

我們每個人其實都像是一臺電腦，每天都在高速執行中。並且越是年輕的電腦，執行的速度就越快。在剛出生時，我們就像是一臺新電腦，沒有任何程式，完全是空白。這時就有其他人向我們不斷輸入各種程式，要我們按照程式執行。於是我們就在這些程式的作用下，上幼兒園、上小學、上國中、上高中……就這樣，我們一直都在不停執行，無法停止下來。

人生是需要我們始終保持執行，但是並不是要我們一直都執行他人為我們寫入的程式。我們需要執行自己的程式。但是在過去的人生當中，我們只會執行程式，從沒有學習過如何編寫程式。

因此，當我們下定決心要執行自己的程式時，首先我們需要做的就是停止執行他人的程式，然後開始自己摸索如何編出一套適合自己的程式。在這段時間內，我們可能會受到周圍人的非議和嘲笑，因為其他人都在執行他人的程式，只有我們呆呆停在原地。

這是一個既漫長又痛苦的過程，沒有人教過我們應該怎麼

做，一切都只能依靠我們自己，這也是為什麼大多數人都在機械化的執行他人程式的原因。

我想告訴大家，如果我們找到了自己真正的人生目標，明確了自己真正想要的東西是什麼，那就不要猶豫，勇敢地去追求。

也許此時的我們並不被認同，但是你記得一定要堅持。

如果我們在不認同的目光中堅持了下來，接下來我們就會經歷自己學習編寫程式的過程。這個過程是非常漫長的，同時也是非常痛苦的，甚至在學習過程中，我們可能數度想要放棄。

但我想說的是，如果我們一直堅持了下去，總有一天，當我們在回顧這段痛苦經歷時，我們會倍感慶幸，慶幸當時的自己沒有放棄。

電子書購買

爽讀 APP

國家圖書館出版品預行編目資料

當下價值，「未來」便是時間給你的帳單：突破惡性循環、擺脫自我設限、拋卻固有偏見、認清壓力釋放點……找到未來方向，遠離忙碌假象！/ 楊洋 著 .-- 第一版 .-- 臺北市：崧燁文化事業有限公司 , 2024.03
面；　公分
POD 版
ISBN 978-626-394-026-0(平裝)
1.CST: 自我實現 2.CST: 自我肯定
177.2　　113001445

當下價值，「未來」便是時間給你的帳單：突破惡性循環、擺脫自我設限、拋卻固有偏見、認清壓力釋放點……找到未來方向，遠離忙碌假象！

臉書

作　　　者：楊洋
發 行 人：黃振庭
出 版 者：崧燁文化事業有限公司
發 行 者：崧燁文化事業有限公司
E - m a i l：sonbookservice@gmail.com
粉 絲 頁：https://www.facebook.com/sonbookss/
網　　　址：https://sonbook.net/
地　　　址：台北市中正區重慶南路一段六十一號八樓 815 室
Rm. 815, 8F., No.61, Sec. 1, Chongqing S. Rd., Zhongzheng Dist., Taipei City 100, Taiwan
電　　　話：(02) 2370-3310　　　傳　　真：(02) 2388-1990
印　　　刷：京峯數位服務有限公司
律師顧問：廣華律師事務所 張珮琦律師

定　　　價：375 元
發行日期：2024 年 03 月第一版
◎本書以 POD 印製
Design Assets from Freepik.com